Impressum

Bibliografische Information der Deutschen Nationalbibliothek:
Die Deutsche Nationalbibliothek verzeichnet diese Publikation
in der Deutschen Nationalbibliografie; detaillierte
bibliografische Daten sind im Internet über http://dnb.dnb.de
abrufbar.

© 2021 Ronja-V. Rasmussen

Herstellung und Verlag: BoD – Books on Demand, Norderstedt

ISBN: 978-3-755-755289

Vorwort

Dieses Werk ist für all diejenigen gedacht, die selber ein Problem damit haben, ganz einfache Gerichte selbst zu kochen. Aller Anfang ist meist schwer, aber dieses Werk ist Ihr persönlicher Einstiegshelfer in die Welt der Kulinarik um die Grundrezepte kennen zu lernen und deren Einfachheit zu verstehen.

Alle Gerichte sind absichtlich einfach gehalten, so wie es als Koch gelehrt wird. Auch jeder spätere „Pinzetten-Koch" fängt mal so an. Abwandlungen dieser Gerichte sind möglich, Ihnen als Leser bleibt es selbst überlassen, wie Sie es geschmacklich und selbstverantwortlich tun möchten. Die Grundrichtung gebe Ich Ihnen in diesem Buch vor.

Auch sind mit Absicht keine Bilder im Buch, um keinen Leistungsdruck aufzubauen.

Zudem ist das Werk dann auch viel günstiger für Sie, in der Herstellung und damit im Verkaufspreis.

Wenn Ihnen selbst Fertiggerichte nicht gelingen, weil Sie einfach nicht verstehen was daran so schwierig ist, es richtig zu machen, oder Ihnen diese Fertiggerichte ganz einfach „zum Hals raushängen" ist dieses Buch ein Muss, ganz ohne Chemie und Fertiggerichte. Ganz schnell und maximalst frisch.

Inhaltsverzeichnis

Dressings / Salatdressings

(alle Zutaten jeweils miteinander glatt verrühren)

American Dressing

100 g Majonaise
50 g Tomatenketchup
20 ml Sahne oder Milch

(3-5 Minuten)
Für Salate, Croques oder auch als leichte Pommes Sauce.

Thousand Island Dressing

100 g Majonaise
50 g Tomatenketchup
20 ml Sahne oder Milch
10 g feine Gemüsewürfel (1000 Inseln)

Für Salate und Croques.   (5-10 Minuten)

French Dressing

2 EßL
100 g Majonaise
20 ml Sahne oder Milch

Miteinander verrühren.   (3-5 Minuten)

Für Salate und Croques.

Cocktail Dressing

100 g Majonaise
50 g Tomatenketchup
50 ml Orangensaft

Miteinander verrühren.   (3-5 Minuten)

 Für Salate und Croques, Krabben und Garnelen.

Joghurt Dressing

100 g Joghurt
50 g Sahne
Prise Salz (Salz zwischen 2 Fingern)
1TL Zucker
10 g Petersilie

Miteinander verrühren   (3-5 Minuten)

Für Salate & Croques.

Knoblauchdressing

100g Majonaise
30ml Milch
1 Zehe Knoblauch, geschält, zerdrückt
1g Salz

Miteinander verrühren.   (3-5 Minuten)

Für Salate und Croques, Krabben und Garnelen, Tintenfisch-
ringe, Knoblauchbrote – vor bestreichen getoastet.

Essig-Öl Dressing

1 TL Branntweinessig (5%)
2 EßL Sonnenblumen Öl oder Rapsöl
Salz / Pfeffer nach Geschmack

(3-5 Minuten)

Für Salate & Antipasti

Sahne Dressing

100 ml Sahne
20 ml Milch
1 TL Dill
1 TL Zucker
1 TL Zitronensaft

Miteinander verrühren

(3-5 Minuten)

Salate, leichte Blattsalate wie Kopfsalat

Notizen:

Quark Dips

Zazikiquark

500g Quark
50 ml Milch
50g Salatgurke, geschält, in feine Streifen geschnitten
3 Zehen Knoblauch, geschält, zerdrückt
3 g Salz
2 g Pfeffer

Alles miteinander verrühren.   (5-8 Minuten)

Perfekt mit Salzkartoffeln pur, Gyros und Döner.

Kräuterquark Natur

250 g Quark
50 ml Milch
1TL Zucker
2 g Salz
1 g Pfeffer

Alles abwiegen und miteinandervermischen.   (2-5 Minuten)

Perfekt für Grillkartoffeln, Tortilla, Chips und als Dip für Rohkost
Gemüse.

Kräuterquark Petersilie

250 g Quark
50 ml Milch
1TL Zucker
2 g Salz
1 g Pfeffer
1 EßL Petersilie

Alles abwiegen und miteinandervermischen.   (2-5 Minuten)

Perfekt für Grillkartoffeln, Tortilla, Chips und als Dip für Rohkost Gemüse.

Quark Curry

250 g Quark
50 ml Ananassaft
1 EßL Currygewürz
1 TL Zucker
2 g Salz
1 g Pfeffer

Alles abwiegen und vermischen.   (3-5 Minuten)

Kräuterquark Natur

250 g Quark
50 ml Milch
1TL Zucker
2 g Salz
1 g Pfeffer

Alles abwiegen und miteinandervermischen. (2-5 Minuten)

Perfekt für Grillkartoffeln, Tortilla, Chips und als Dip für Rohkost Gemüse.

Kräuterquark Dill & Schnittlauch

250 g Quark
50 ml Milch
1 TL Zucker
2 g Salz
1 g Pfeffer
1 TL Dill, fein geschnitten
1 TL Schnittlauch, fein geschnitten

Alles abwiegen und miteinander vermischen. (2-5 Minuten)

Perfekt für Grillkartoffeln, Tortilla, Chips und als Dip für Rohkost Gemüse.

Quark Paprika

250g Quark
50 ml Milch
100g Paprika, feinst gewürfelt
1 TL Zucker
2 g Salz
1 g Pfeffer

Alles abwiegen und miteinander vermischen. (5 Minuten)

Perfekt für Grillkartoffeln, Tortilla, Chips und als Dip für Rohkost Gemüse

Kräuterquark Knoblauch

250 g Quark
50 ml Milch
1 TL Zucker
2 g Salz
1 g Pfeffer
2 Zehen Knoblauch, geputzt und zerdrückt

Alles abwiegen und miteinander vermischen.   (5 Minuten)

Perfekt für Grillkartoffeln, Tortilla, Chips und als Dip für Rohkost Gemüse

Kräuterquark Dill

250 g Quark
50 ml Milch
1 TL Zucker
2 g Salz
1 g Pfeffer
1 EßL Dill, fein gehackt

Alles abwiegen und gut vermischen.   (2 Minuten)

Perfekt für Grillkartoffeln, Tortilla, Chips und als Dip für Rohkost Gemüse.

Kräuterquark Ranch

250 g Quark
50 ml Milch
1 TL Zucker
1EßL Paprikawürfel, fein gehackt
2 g Rauchsalz
1 g Pfeffer

Alles abwiegen und gut vermischen.   (5 Minuten)

Perfekt für Grillkartoffeln, Tortilla, Chips und als Dip für Rohkost Gemüse.

Kräuterquark Quesadilla

500 g Quark
100 ml Milch
100g Paprikawürfel, fein
1 mittlere Zwiebel, fein gehackt
2 TL Tomatenmark, 3-fach konzentriert
2 g Chiligewürz, scharf
1 Zehe Knoblauch, geschält und zerdrückt
2 g Oregano
1 TL Zucker
2 g Salz
1 g Pfeffer

Alles abwiegen und gut vermischen.   (8-10 Minuten)

Perfekt für Grillkartoffeln, Tortilla, Chips und als Dip für Rohkost Gemüse.

Einfache „angemachte" Salate

Weißkohlsalat

1 kg Weißkohl, fein geschnitten (1-2mm)
100 ml Branntweinessig (5%)
200 ml Wasser
100 g Zucker
Salz / Pfeffer nach Geschmack (Bsp.: 5g + 3g)

Alles zusammen mit der Hand verkneten bis der Kohl weich wird.
(10 – 15 Minuten)

Als eigenständiger Salat, Beilagen Salat, zu Würstchen und gegrillten, Gyros und Döner.

Cole Slaw Salat

1 kg Weißkohl, fein geschnitten (1-2mm)
100 ml Branntweinessig (5%)
200 ml Wasser
100 g Zucker
100 g Karotten Julienne (feinst geschnitten)
Salz / Pfeffer nach Geschmack (Bsp.: 5g + 3g)

Alles zusammen mit der Hand verkneten bis der Kohl weich wird.
(10 – 15 Minuten)

Als eigenständiger Salat, Beilagen Salat, zu Würstchen und gegrillten, Gyros und Döner.

Tomatensalat

500 g Tomaten, entstrunkt, in 4-5mm Scheiben
1 große Zwiebel, fein gewürfelt
150 ml Sonnenblumen Öl
Salz / Pfeffer nach Geschmack

Alles vermischen und mindestens 2 Stunden ziehen lassen.

(10-15 Minuten)

Eigenständiger Salat, zu Raclette und beim Grillen.

Gurkensalat

3 Salatgurken in 2 mm Scheiben schneiden
1 große Zwiebel, fein gewürfelt
150 ml Sonnenblumen Öl
Salz / Pfeffer nach Geschmack

Alles vermischen und mindestens 2 Stunden ziehen lassen.

(10-15 Minuten)

Eigenständiger Salat, zu Raclette und beim Grillen.

Leichter Gurkensalat

1 Salatgurke, schälen, in 1 mm Scheiben schneiden
1 EßL Zucker
1 EßL Zitronenessig
4 EßL Wasser
1 EßL Dill (zu / bei Fisch) oder

1 EßL Petersilie

Alles vermischen und mindestens 2 Stunden ziehen lassen.
Dann noch einmal abschmecken, (Zucker? Essig?) .

(10-15 Minuten)

Herrlicher Sommersalat Salat, zu Raclette und beim Grillen oder einfach nur so pur genießen.

Bohnensalat

1 Dose Brechbohnen ca. 800 g
1 große Zwiebel, fein gewürfelt
150 ml Sonnenblumen Öl
Salz / Pfeffer nach Geschmack

Alles vermischen und mindestens 24 Stunden ziehen lassen.

(10-15 Minuten)

Eigenständiger Salat, zu Fisch, Raclette und beim Grillen.

Geflügelsalat

200g gebratenes Hähnchen oder Pute
100g Majonaise
1 kleine Dose Mandarinen
1 kleines Glas Spargelabschnitte
Salz / Pfeffer nach Geschmack

Alles gut vermischen   (10 Minuten)

Als eigenständiger Salat, als Belag auf Broten.

Fleischsalat

200g Fleischwurst oder Jagdwurst, in 3mm Streifen
100g Majonaise
1 mittlere Gewürzgurke, gewürfelt in ca. 5 x 5mm
Salz / Pfeffer nach Geschmack

Alles gut vermischen   (10 Minuten)

Als eigenständiger Salat oder Belag auf Broten, sowie als Basissauce (mit weniger Wurstanteil) für Kartoffelsalate.

Majonäsen

Majonaise (Standard)

2 Eigelb
200ml Sonnenblumen Öl
1-2g Salz
Pfeffer nach Geschmack

Die 2 Eigelb aufschlagen und in ein hohes Aufschlaggefäß geben. Mit einem Rührgerät auf höchster Stufe aufschlagen und ganz langsam das Sonnenblumen Öl einrühren. Das Rührgerät ab und zu mal anheben um mehr Luft einzubringen
Damit die Masse fester wird.   (5 Minuten)

Für Pommes Frites, als Basis für diverse Saucen, Cremes, Salate & Croques.

Majonaise „fluffig"

2TL Senf
200ml Senf

Senf in ein hohes Aufschlaggefäß geben. Mit einem Rührgerät auf höchster Stufe aufschlagen und ganz langsam das Sonnenblumen Öl einrühren. Das Rührgerät ab und zu mal anheben um mehr Luft einzubringen damit die Masse fester wird.
(5 Minuten)

Als Basis für Saucen, Cremes, Salate und Croques & Räucherfischsaucen.

Gewürzbutter Rezepte

Knoblauchbutter

250g weiche Butter
1TL Salz
2-3 EßL geschälte, vorgehackte Knoblauchzehen

Mit dem Salz die Zehen zerdrücken, (wird feiner).
Alles miteinander verrühren.   (5 Minuten)

Zum Grillen, für Steaks, Fischgerichte, Krabben & Garnelen, Grillkartoffeln, Baguette, Brot & vieles mehr.

Kräuterbutter

250g weiche Butter
1TL Salz
3EßL frische Kräuter, Petersilie & Schnittlauch oder „8 Kräuter"
tiefgekühlt.

Alles miteinander verrühren   (5 Minuten)

Zum Grillen, für Steaks, Fischgerichte, Krabben & Garnelen,
Grillkartoffeln, Baguette & Brote und vieles mehr.

Pfefferbutter

250g weiche Butter
1TL schwarzer Pfeffer
1TL Salz
1TL Zucker

Alles miteinander verrühren.   (5 Minuten)

Für Steaks hervorragend geeignet.

Grüne Pfefferbutter

250g weiche Butter
2EßL eingelegter grüner Pfeffer, zerdrückt
1TL Salz
1TL Zucker

Alles miteinander verrühren.   (5 Minuten)

Für Schweinefiletsmedalions prädestiniert, für Nackensteaks gut.

Rote Pfefferbutter

250g weiche Butter
1EßL roter Pfeffer, nur teils gemahlen
1TL Salz

Miteinander verrühren.   (5 Minuten)
Zum Grillen, für Steaks, Fischgerichte, Krabben & Garnelen, Grillkartoffeln, Baguette & Brote und vieles mehr.

Zitronenbutter

250g weiche Butter
1EßL Zitronenpfeffer
1TL Zitronenschalenabrieb
1TL Salz

Miteinander verrühren.   (5-10 Minuten)

Zum Grillen, für Steaks, Fischgerichte, Grillkartoffeln, Baguette & Brote und vieles mehr.

Bärlauch Butter

250g weiche Butter
1TL Salz
50g Bärlauch frisch oder 30g Bärlauch getrocknet
1g Pfeffer oder nach Geschmack

Miteinander verrühren. (5 Minuten)

Sehr gut für jedes Gericht, wenn man Knoblauch mag, aber nach dem essen <u>nicht</u> nach Knoblauch riechen möchte.
Für Steaks & Grillen, Fischgerichte, Wildgerichte, Krabben & Garnelen, Grillkartoffeln, Baguette & Brote und vieles mehr.

Tomatenbutter

250g weiche Butter
1TL Salz
50g getrocknete Tomaten, fein gehackt
1g Pfeffer oder nach Geschmack

Miteinander verrühren. (5-10 Minuten)

Zum Grillen, für Steaks, Fischgerichte, Grillkartoffeln, Baguette & Brote, Pasta Gerichte.

Tomatenbutter fein

250g weiche Butter
1TL Salz
70g Tomatenmark 3-fach konzentriert
1g Pfeffer oder nach Geschmack
1TL Zucker

Miteinander verrühren. (2-3 Minuten)

Zum Grillen, für Steaks, Fischgerichte, Grillkartoffeln, Baguette & Brote, Pasta Gerichte.

Grillsaucen

Preiselbeer-Senfsauce

100g Mittelscharfer Senf
100g Preiselbeermarmelade

Miteinander verrühren.   (2 Minuten)

Perfekt für Grillwürstchen & Grillkartoffeln.

Dion-Honig Senf

100g Dionsenf
2-3 EßL flüssiger Honig
1 TL Dill

Miteinander verrühren   (2-3 Minuten)

Perfekt für Räucherlachs und Räucherfisch.

Barbecue Sauce

50ml Woreshirechester Sauce
50g Tomatenketchup
100ml Balsamico Essig 5%
1EßL Zucker oder brauner Zucker

Miteinander verrühren.   (5 Minuten)

Perfekt zum Grillen.

Currysauce kalt

100g Majonaise
1EßL Currygewürz
1TL Zucker
20ml Milch / Sahne oder Saft von Mango, Ananas, Apfel

Miteinander verrühren.   (5 Minuten)

Zum Grillen, Fondue, Raclette oder auch als Salatmarinade.

Currysauce (heiß)

500ml Wasser oder Apfelsaft
200g 3-fach konzentriertes Tomatenmark
50ml Branntweinessig 5%
2EßL Currygewürz
1EßL Senf
3TL Zucker
1EßL Corriandergewürz (Pulver)
1TL gemahlene Nelken
1TL Paprikagewürz
4g Salz
2g Pfeffer

Miteinander verrühren und aufkochen.   (5-10 Minuten)

Für Currywurst und als Sauce zum grillen.

Champion Sahnesauce

1TL Sonnenblumen Öl
5 Champions, feinst gewürfelt
1 kleine Zwiebel
0,2l Sahne
Prise Salz
Prise Pfeffer

Champions erst in Scheiben dann in Streifen und dann in Würfel schneiden, die Zwiebel halbieren und dann in Streifen. Beides mit Öl anschwitzen. Wenn es glasig geworden ist, Sahne, Salz, Pfeffer dazugeben und abschmecken.   (8-10 Minuten)

Für Jägerschnitzel. Ohne Sahne wäre es eine Steakbeilage, als Topping auf dem Fleisch.

Notizen:

Würzmischungen

Wer die nachfolgenden Würzmischungen feiner haben möchte kann alle diese Mischungen in einem Mörser feinreiben. Mörser kosten nicht viel, es sei denn er soll aus Marmor sein, was aber keinerlei Vorteil bringt. Die guten sind auch bei Ikea zu haben und kosten nicht viel. Zudem sind diese Spülmaschinenfest, im Gegensatz zu Marmor.

Pommes Frites Salz klassisch

Salz nach eigenem Geschmack.

Wer das Salz mörsert kommt beim würzen mit der halben Menge Salz aus.   (1Minute)

Pommes Frites Paprika-Salz

1EßL Salz
1TL Paprikagewürz

Miteinander vermischen.   (1 Minute)

Veraltete Rezeptur, aber bis heute immer noch gängig.

Pommes Frites Würzsalz Curry

1 EßL Salz
1TL Currygewürz, gestrichen

Miteinander vermischen.   (1-2 Minute:n)

Sehr gut bei Pommes Frites & Grillkartoffeln.

Pommes Frites Würzsalz Curry(lieblich)

1 EßL Salz
1TL Currygewürz, gestrichen
1g Koriandergewürz, gemahlen

Miteinander vermischen.   (1-2 Minute:n)

Sehr gut bei Pommes Frites & Grillkartoffeln.

Pommes Frites Würzsalz „Curry-Rose"

1EßL Salz
1TL Currygewürz
2g Rosmarin Gewürzpulver

Miteinander vermischen.   (1-2 Minute:n)

Sehr gut bei Pommes Frites & Grillkartoffeln, aber auch als Grillgewürz für Steaks & Nackensteaks.

Würzsalz für Rosmarinkartoffeln

1EßL Salz
2g Rosmarin ganz oder
3g Rosmarinnadeln leicht gemörsert

Miteinander vermischen.   (1-3 Minuten)

Beliebt für Rosmarinkartoffeln, Grillkartoffeln und auch als Pommes Frites Würzsalz.

Beilagen

Kartoffeln (Salzer)

300g Kartoffeln; waschen, schälen, waschen, schneiden
3g Salz
1L Wasser

Alles zusammen ca. 20 Minuten kochen. Mit kleinem Messer prüfen ob die Kartoffel in der Mitte schon durch ist. Wenn noch etwas fest; verlängert sich die Kochzeit. (Sortenbedingt).
(20-30 Minuten)

Perfekt zu allen Gemüsen, oder Gerichten mit viel Soße. Grundbestandteil von Kartoffelpüree.

Country Potatoes

300g Kartoffeln (dünne Schale) waschen, in Spalten schneiden. Nicht schälen!

Ca. 8 Minuten mit Schale frittieren.   (10-12 Minuten)

Kartoffelbrei

300g Kartoffeln schälen und in Salzwasser kochen
100ml Milch
30g Butter
1-2g Muskat

Alles zusammen in einen Topfgeben und mit einer Gabel oder einem Kartoffelstampfer, alternativ mit einer Spagetti Eis-Presse, zerdrücken. Je nach Konsistenzwunsch kann noch mehr Butter oder Milch hinzugegeben werden als wie im Grundrezept steht. Manche Kartoffelsorten benötigen mehr Flüssigkeit als andere.

(22-30 Minuten)

Wird gerne zu gebratener Leber oder Innereien allgemein, aber auch zu Kindergerichten wie Fischstäbchen oder mit Apfelmus oder Röstzwiebeln gegessen.

Bratkartoffeln

300g Kartoffeln; waschen, schälen, waschen, schneiden
5g Salz (3g + 2g)
Ca.1L Wasser (bis Kartoffeln bedeckt sind)
Prise Pfeffer
1 mittlere Zwiebel, fein gewürfelt
1EßL Sonnenblumen Öl

Kartoffeln im Wasser mit 3g Salz kochen.
Abkühlen lassen und dann in ca. 1cm dicke Scheiben schneiden. Eine Pfanne mit dem Öl heiß werden lassen , bis sich das Öl kräuselt, erst dann stimmt die Temperatur zum braten. Kartoffelscheiben hinzugeben und braun braten lassen. Ca. 3 Minuten von jeder Seite. Kurz vor Ende der gewünschten Röstfarbe die Zwiebel zugeben und kurz mit anbraten. Fertig

(5-25 Minuten)

Bratkartoffeln schmecken alleine oder zu Steak, Wurst & Sülzen.

Notizen:

Röstkartoffeln

300g Kartoffeln; waschen, schälen, waschen, schneiden
5g Salz (3g + 2g)
Ca.1L Wasser (bis Kartoffeln bedeckt sind)
Prise Pfeffer
1TL Zucker
1 mittlere Zwiebel, fein gewürfelt
1EßL Sonnenblumen Öl

Kartoffeln im Wasser mit 3g Salz kochen.
Abkühlen lassen und dann in ca. 2x 2cm dicke Stücke schneiden.
Eine Pfanne mit dem Öl heiß werden lassen, bis sich das Öl
kräuselt, erst dann stimmt die Temperatur zum braten.
Kartoffelstücke hinzugeben und braun braten lassen. Ca. 3
Minuten von jeder Seite. Kurz vor Ende der gewünschten
Röstfarbe den Zucker zugeben und kurz mit anbraten damit
dieser karamellisieren kann.

(25-30 Minuten)

Röstkartoffeln schmecken einfach nur so alleine, zu Grünkohl mit
Kochwurst, Wild.- & Weihnachtsgerichten oder zu Steak, Wurst
& Sülzen.

Reis

1 gestrichene Tasse Parboild Reis (Lang Korn)
3g Salz
 Ca. 2 Liter Wasser
Trick „17": Den Reis schon am Morgen im kalten Wasser
einweichen lassen, (Egal wie lange vorher), und das Salz erst
kurz vor dem aufkochen hinzugeben. Das Wasser nach dem
kochen abgießen. Mit einem Feinsieb anstatt Deckel geht dies
Verlust.- und Klecker frei.

Spart Energie und Zeit und damit Geld.   (5-8 Minuten)

Gut zu allen Gerichten mit viel Soße, Gyros, speziell Fisch.

Reis (bisherige Methode)

1 gestrichene Tasse Parboild Reis (Lang Korn)
3g Salz
Ca. 2 Liter Wasser

Das Wasser mit dem Salz zum kochen bringen. Erst wenn das Wasser kocht den Reis hinzugeben und so lange kochen lassen bis das Wasser komplett verkocht ist. Zur Kontrolle mittig mit einem Löffel im Kochtopf ein Loch machen um zu sehen wieviel Wasser noch da ist. Das Wasser muss rauskochen ohne das der Reis dabei anbrennt.

                                    (20-25 Minuten)

Rosmarinkartoffeln

300g Kartoffeln, schälen, in gleichgroße Stücke a 3 x 3cm schneiden.
3g Salz

Schritt 1:
Ca. 12 -15 Minuten im Wasser (grade so mit Wasser bedeckt) mit dem Salz kochen.

Schritt 2:
2EßL Sonnenblumen Öl
1g Salz
1TL Zucker
1TL gestrichen, Rosmaringewürz

Schritt 2:
Danach die Kartoffeln in eine Pfanne geben und braun braten lassen. Den Zucker fein drüberstreuen (glasieren). Wenn alle Kartoffelstücke etwa gleich braun gebraten sind, das Rosmaringewürz und das Salz hinzugeben. Alles nochmals vermischen.   (20 – 30 Minuten)

Besonders gerne im Sommer mit Quark Dips, aber auch zu Weihnachtsgerichten.

Ausbackteig für Fischgerichte (frittiert)

250g Mehl (405er)
0,2L Bier
40g Sonnenblumen Öl
10g Zucker
5g Salz
2 Eigelb
2 Eiweiß

Das Eiweiß zu Schnee schlagen und zur Seite stellen.
Alle anderen Zutaten zusammen in eine Schüssel geben und verrühren (Rührmaschine), dies muss schnell gehen da sonst der Teig zäh wird. Kurz vor der Verwendung das zu Schnee geschlagene Eiweiß unterheben.
Die Fischfilets beidseitig durch den Teig ziehen und direkt frittieren.   (10 Minuten)

Alle Fischarten die sich zum frittieren eignen.

Kleine Hauptgerichte

Toast Hawaii (pro Portion)

1 Scheibe Toast (Weizen oder Vollkorn
1 Scheibe Kochschinken
1 Scheibe Ananas
1 Scheibe Käse
1TL Tomatenketchup

Den Backofen auf 175 Grad Ober.- und Unterhitze einstellen.
Auf den Toast den Kochschinken legen, dann die Scheibe
Ananas darauf, in die Mitte der Ananas den Tomatenketchup
einfüllen und das ganze mit einer Scheibe Käse (40-45% Fett)
bedecken. Bei 175 Grad Oberhitze ca. 7-10 Minuten backen.
(8-10 Minuten)

Geht immer gerne mal schnell zwischendurch, besonders an
heißen Sommertagen.

Toast Champion

1TL Sonnenblumen Öl
3 Champions
1 kleine Zwiebel
0,1L Sahne
Prise Salz
Prise Pfeffer
1 Scheibe Toast
1 Scheibe Käse

Den Backofen auf 180 Grad Ober.- und Unterhitze einstellen.

Die Champions in Scheiben schneiden, die Zwiebel in Streifen. Beides mit Sonnenblumen Öl anschwitzen. Wenn die Champions und die Zwiebel glasig sind, die Sahne das Salz und den Pfeffer dazu geben. So lange weiterköcheln bis das Wasser aus der Sahne verdampft ist und dadurch die Sauce dicker wird. Denn sie soll ja nicht vom Toast laufen. Umrühren nicht vergessen. Den Toast toasten. Die Champion-Zwiebel-Sahne auf dem Toast gleichmäßig verteilen und die Scheiber Käse drüberlegen. Ca. 5 Minuten bei 180 Grad den Käse braun backen lassen.   (10 Minuten)

Bemerkung: Ohne Toast und Käse ist es das Rezept für Champion-Sahne Sauce.
Gerne mal zwischendurch an kalten Herbsttagen.

Gyros

500g Putenfleisch in Streifen geschnitten
2Eßl Sonnenblumen Öl
1Eßl Oregano Gewürz („gerebelt")
1TL Majoran Gewürz („gerebelt")
1TL Thymian Gewürz („gerebelt")
2g Salz
3g Pfeffer

Das Öl in der Pfanne erhitzen bis es sich kräuselt, das geschnittene Putenfleisch anbraten bis es rundherum Farbe hat. Dann alle Gewürze gleichmäßig drüberstreuen und gelegentlich alles verrühren. Nach weiteren 2-3 Minuten ist es fertig.
                                      (7-10 Minuten)

Schmeckt hervorragend mit Zazikki (Seite 14) und Reis (Seite 34,35)

Hackbällchen

Schritt 1:
250g gemischtes Hack (Rind / Schwein)
1 Ei
30g Paniermehl
4g Salz
2g Pfeffer

Alles zusammen gründlich verkneten und zu kleinen Bällchen zwischen den Handflächen abdrehen. Durchmesser für Hochzeitssuppen 2-3cm. Bei allen anderen Varianten auch gerne etwas größer.

Schritt 2:
3L Wasser
5g Salz

Das Wasser mit dem Salz zum kochen bringen und dann den Herd um eine Stufe nach unten drehen, so dass das Wasser nur noch köchelt (sonst zerfallen die Hackbällchen wider).
Hackbällchen vereinzelt, aber nach und nach ins Wasser geben, (sonst verkleben sie miteinander). Sobald diese aufschwimmen sind sie fertig. Spätestens jedoch nach 2-3 Minuten.

(10-12 Minuten)

Einfach zum so essen oder als Einlage für Suppen.

Frikadellen (Ronja`s Lieblingsrezept)

100ml Sonnenblumen Öl
500g gemischtes Hack (Schwein / Rind)
2 Eier, aufgeschlagen

50g Paniermehl <u>oder</u> ein hartes Brötchen eingeweicht und ausgedrückt.
1 Zwiebel, fein gewürfelt
2EßL mittelscharfer Senf
1EßL Paprikagewürz
1TL Salz
2g Pfeffer

Alles zusammen verkneten. Das Öl in die Pfanne geben und erhitzen. Die Oberfläche vom Öl muss sich kräuseln, damit es die richtige brattemperatur hat (bei <u>jeder</u> Art von Fleisch).

Zum gleichmäßigen portionieren eignet sich der Inhalt einer Kaffeetasse für perfekte gleichmäßige Portionen. Die portionierten „Hackgemischfladen" zwischen beiden Händen rollen bis alles eins ist. Dann etwas flach drücken auf 2-3cm Höhe und in die heiße Pfanne legen. Ca. 3 Minuten von jeder Seite „scharf anbraten" (intensiv) lassen, bevor das erste Mal gewendet wird. Wenn Sie danach mit dem Zeigefinger einer Hand auf die mittige Stelle der Frikadelle tippen und sie fühlt sich so an wie die Haut zwischen Daumen und Zeigefinger, wenn Sie diese Finger dabei spreizen, dann ist die Frikadelle „medium" und benötigt noch 1-2 Minuten von jeder Seite in der heißen Pfanne. Ist es fest ohne das der Finger einsinkt, ist sie fertig und gar zum Verzehr.   (20-30 Minuten)

Wer ganz sicher gehen möchte entnimmt eine Frikadelle aus der Pfanne und scheidet diese mittig einmal durch. Wenn es nicht mehr rosig ist, is(s)t alles gut.

<u>Broccoli mit Schinken Sahnesauce</u>

300g Broccoli, blanchiert (Seite 91)
100g gekochten Schinken, in Streifen geschnitten

200ml Sahne
1 Zwiebel, fein gehackt
1 TL Sonnenblumen Öl
Salz / Pfeffer/Muskat nach Geschmack
2 Scheiben Gouda

Den blanchierten Broccoli auf einen Teller „Stapeln".
Eine Pfanne nehmen und den Schinken zusammen mit den
Zwiebelwürfeln in etwas Sonnenblumen Öl erhitzen. Die Sahne
hinzugeben und je eine Prise Salz, Pfeffer, Muskat. Solange
einkochen lassen bis die Sahne andickt. Gelegentlich umrühren.
Dann die Schinkensahne Sauce über den aufgeschichteten
Broccoli gießen. Den Käse drüberlegen. Den Teller in einen
Backofen stellen und für ca. 11 Minuten bei 180 Grad Oberhitze
backen.

(mit Broccoli blanchieren 20-25 Minuten, ohne bzw. schon fertig
blanchiert 15 Minuten)

Notizen:

Hackbällchen für Königsberger Klopse

Schritt 1:
250g gemischtes Hack (Rind / Schwein)
1 Ei
60g Kapern, mit Essig beigeben
50g Paniermehl
Salz und Pfeffer nach Geschmack

Schritt 2:
3L Wasser
5g Salz

Zu Schritt 1:
Alles zusammen gründlich verkneten und zu kleinen Bällchen zwischen den Handflächen abdrehen. Durchmesser etwa 5-6 cm.

Zu Schritt 2:
Das Wasser mit dem Salz zum kochen bringen und dann den Herd eine Stufe herunterdrehen, bis das Wasser nur noch siedet/köchelt. Hackbällchen vereinzelt zugeben, damit diese nicht zusammenkleben können. Jetzt warten bis diese aufschwimmen, dann sind sie fertig, spätestens jedoch nach 4 Minuten.   (10 Minuten)

Sauce für Königsberger Klopse Rezept 1:

Schritt 1:
1,5L Wasser
6g Salz
0,3L Branntweinessig (5%)
1 kleines Gläschen Kapern
Prise Pfeffer

Alle Zutaten mischen und aufkochen lassen.   (ca.8 Minuten)

Schritt 2:
0,2L kaltes Wasser
2 gehäufte Eßl Speisestärke, mit dem kalten Wasser verrühren.
(ca. 1 Minute)
Schritt 3: Die entstandene Sauce aus „Schritt 1" weiter erhitzen,
und langsam mit einem Schneebesen, die kalt aufgelöste Stärke
(aus Schritt 2) unterrühren, bis eine gewünschte, leicht dickliche
Bindung erreicht ist.   (1 Minute)

Nachträgliches   abschmecken   mit   Salz,   Kapern   oder
Branntweinessig ist hier immer erlaubt.

Königsberger Klopse Sauce Rezept 2:

Schritt 1:
1,5L Wasser
6g Salz
0,3L Branntweinessig (5%)
1 kleines Gläschen Kapern
Prise Pfeffer

Alle Zutaten mischen und aufkochen lassen.   (ca.8 Minuten)

Schritt 2 (Mehlschwitze):
100g Butter, oder Margarine, oder 0,1L Sonnenblumen Öl
Ca.100g Mehl

Die entweder 100g Butter oder 100g Margarine oder 0,1L
Sonnenblumen Öl in einer Pfanne erhitzen. Sobald aufgelöst, mit
einem Schneebesen das Mehl einrühren so dass es sich mit dem
Fett zu einer Art Teig verbindet und kein ursprüngliches Mehl

mehr zu sehen ist, sollte das nicht ganz geklappt haben einfach schnell noch etwas Fett oder Öl hinzugeben und weiter verrühren. (ca. 1 Minute)

Jetzt, die noch heiße Kapernsauce langsam in die Mehlschwitze gießen unter schnellem verrühren einrühren. Ebenfalls bis die gewünschte leicht dickliche Bindung erreicht ist. (ca. 1 Minute)

Abschmecken ist auch hier erlaubt, zum Beispiel mit Salz, Pfeffer, Essig, mehr Kapern? Ganz wie Dein Geschmack, es Dir vorgibt.

Und nicht vergessen das noch die Klopse (Seite 42) mit dazu in die Sauce gehören.

Als Beilage empfehlen sich Salzkartoffeln (Seite 33) oder Reis (Seite 36). (15-20 Minuten, mit Übung 8-10 Minuten)

„Pommes Brot"

4-6 Scheiben Brot nach Wahl
300ml Olivenöl
1EßL Currygewürz, gehäuft
1EßL Paprikagewürz
3g Salz (fein gemahlen oder zerstoßen)
1g Pfeffer

Bis auf das Brot alle Zutaten miteinander mischen und gut verrühren. Die Brotscheiben mit der Olivenöl Mischung bestreichen. Die Brotscheiben in ca. 2cm breite Streifen schneiden. Auf einem Backblech mit Backpapier die bestrichenen Brotstreifen dicht an dicht aufs Backblech legen. Bei 180 Grad für ca. 8 Minuten bei Oberhitze backen.

Wer keinen Backpinsel hat kann mit einem Löffel die Öl-Gewürzmischung auftragen und mit der runden Seite des Löffels das ganze verstreichen. (12-15 Minuten)

(Der Löffel-„Trick" geht auch mit Butter, Margarine, Marmelade und anderen Brotaufstrichen oder Flüssigkeiten).

Gebackenes Käse-Igel-Brot

500g Brot, ein ganzes, am besten ein Rundes
125g Butter (halbes Päckchen)
200g Käse nach Wahl (Camembert, oder ein Käse mit mindestens 45% Fett), auch Streukäse möglich

Das Brot komplett in 3cm dicke Scheiben schneiden ohne die Scheiben dabei abzuschneiden, bzw. voneinander zu trennen. Der gute letzte untere 1cm soll nicht durchschnitten werden. Sondern noch alles zusammen hängen. Das Brot dann um 90 Grad drehen (1/4 Drehung) und ebenfalls alle 3cm einen Schnitt setzten, so dass das Brot wie ein Schachbrett aussieht, wenn es fertig ist. Die Butter in ca. 1 x 1cm x 10 cm lange Streifen scheiden und in eine Richtung der Schneidrichtung einlegen und sanft runterdrücken. Den Käse ebenfalls in 1 x1 cm Streifen schneiden und quer zur Butter (1/4 Drehung) ins Brot drücken. Streukäse geht natürlich auch. Alles vorsichtig nach unten zwischen die „Brottürmchen" drücken. Im vorgeheizten Ofen ca. 20 Minuten bei 180 Grad ausbacken. Zum essen einfach die Brottürmchen herausziehen. Vorsicht heiß! (30 Minuten)

Kartoffelpuffer

0,2L Sonnenblumen Öl
300g geschälte Kartoffeln
2 Eier
2Eßl Mehl
Nach dem schälen der Kartoffeln, diese nochmal waschen.
Danach die Kartoffeln abtrocknen und durch eine Reibe zu groben Streifen/Raspeln reiben.

Die Kartoffeln ausdrücken, das möglichst viel Wasser austritt, zum Beispiel mit Hilfe eines sauberen Geschirrtuchs.
Wenn das Wasser raus ist, die Raspel in eine Schüssel geben, die 2 Eier aufschlagen und in de Kartoffeln geben, das Mehl drüberstreuen und alles kräftigt miteinander verkneten.

Das Sonnenblumen Öl erhitzen bis es sich kräuselt, erst dann ist es heiß genug. Soviel Kartoffelmasse aus der Schüssel nehmen wie der Puffer groß werden soll und zwischen den Handflächen zusammendrücken, so das eine glatte Oberfläche entsteht. Die Puffer sollten aber nicht dicker als 1-2 cm werden. In der heißen Pfanne die Puffer goldgelb braten lassen und dann auf die andere Seite drehen. Bis zum servieren kann man die Puffer auch auf Küchenrollenpapier legen damit diese abfetten können.
(20-30 Minuten)

Sehr gerne Apfelmus oder Zucker oder Salz und Pfeffer bestreut, aber auch auf Blattsalat gebettet mit Räucherlachs oben drauf und einem Klecks Meerrettich dabei, sowie Joghurtdressing (Seite12).

Blumenkohlbombe (beliebtestes Internetgericht 2019)

Schritt 1:
1 ganzer Blumenkohl, entblättert
ca. 3L Wasser
5g Salz
1g Muskat

Einen Topf mit Wasser aufsetzen der groß genug ist um den ganzen Blumenkohl aufzunehmen und der dann trotzdem ganz bedeckt mit Wasser ist. Das Salz hinzugeben und das Muskatgewürz. Zum kochen bringen. Den Blumenkohlstrunk unten herum grade abschneiden, so das der Blumenkohl grade liegt. Wenn das Wasser kocht den Blumenkohl vorsichtig hineinlegen und 10 Minuten kochen lassen. Herd ausschalten. Danach entweder das Wasser wegkippen oder den gekochten Blumenkohl entnehmen und mit dem Wasser was noch in ihm ist direkt in einen Bräter legen. (12 Minuten)

Schritt 2:
800g – 1000g gemischtes Hack (Schwein / Rind)
90g – 180g Bacon oder Frühstücksspeck
2g Salz

Mit dem gemischten Hack den Blumenkohl komplett ummanteln. Das gemischte Hack immer Portionsweise zwischen den Handflächen flach drücken, maximal jedoch 1cm dick, dann auf den warmen bis heißen Blumenkohl legen und andrücken. Das ganze so lange bis der ganze Blumenkohl lückenlos ummantelt ist. Wenn Sie Bacon verwenden streuen Sie das Salz auf den Hackmantel, wenn Sie Frühstücksspeck nehmen nicht, da dieser selber salzig genug ist.

Den Bacon oder Frühstücksspeck scheibenweise auf dem Hack rundherum auflegen. So das wie beim Hack auch schon eine geschlossene Hülle entsteht.

Bei 160 Grad ca. 25-30 Minuten bei Ober.- und Unterhitze backen.   (35 Minuten)

Wer eine Soße machen möchte, kann aus dem entstandenen Bratensaft kann mit Hilfe von folgenden 2 Dingen dies tun:

Schritt 3:
1TL Speisestärke
0,1L kalt Wasser
20g Butter oder Margarine

Hierzu die Blumenkohlbombe mit einer Fleischgabel oder zwei Bratenheber „Paletten" aus dem Bräter nehmen und zur Seite stellen. Ca. 20g Butter oder Margarine im dem Bratensaft aktiv auflösen. Die Speisestärke in dem kalten Wasser lösen und mit einem Schneebesen in den Bratensaft einrühren. Wer schnell alles glatt rührt hat keine Klümpchen.
Eventuell noch mal selber die fertige Bratensauce abschmecken, zum Beispiel mit Salz und Pfeffer.   (1 Minute)

(alles zusammen ca. 45 - 50 Minuten)

Eine leckere Mahlzeit für 2-4 Personen und dazu ein echter Internethit.

Notizen:

Brotchips

1 Baguette ca. 50 cm
100ml Oliven Öl
25-50g Salz, feinst vermahlen (mit Mörser)

Das Baguette in möglichst hauchdünne Scheiben schneiden.
Mit dem Oliven Öl bestreichen und mit dem Salz nur ganz leicht „bestäuben".

Im Ofen bei 180 Grad & Oberhitze 2-3 Minuten backen.

(10 Minuten)

Zum Knabbern jeder Zeit geeignet.

Brotchips Knoblauch

1 Baguette ca. 50 cm
100ml Oliven Öl
5 geschälte Knoblauchzehen
25-50g Salz, feinst vermahlen (mit Mörser)

Das Baguette in möglichst hauchdünne Scheiben schneiden.
Mit dem Oliven Öl bestreichen und mit dem Salz nur ganz leicht „bestäuben".

Im Ofen bei 180 Grad & Oberhitze 2 Minuten backen.

Anschließend mit den Knoblauchzehen die Chips Oberflächen vorsichtig einreiben und nochmals 2 Minuten bei 180 Grad backen.

(12 Minuten)

Suppen

Gemüsesuppe

Die „Mutter" der meisten Suppen

1 Stange Lauch, in Blättchen ca. 1x 1 cm
2 mittlere Karotten, in Würfel ca. 2 x 2 cm
¼ Selleriekopf, in Würfel ca. 2 x 2 cm
2L Wasser
2EßL Sonnenblumen Öl
1TL Salz
1g Pfeffer
(100g Haarnudeln, oder Sternchennudeln oder Buchstabennudeln oder alle drei gemischt?)

Das Öl in einem Topf erhitzen bis die Oberfläche sich kräuselt. Erst die Karotten hinzugeben und anrösten bis diese glasig werden, dann den Lauch hinzu bis dieser ebenfalls glasig erscheint und den Sellerie zum Schluss dazu. Alles gut anrösten, es darf auch sehr gerne am Topfboden ansetzen, (das gibt den Geschmack) Alle paar Sekunden mit einem Holzlöffel umschichten und den Boden mit „abstreifen", so das alle Stückchen beim anrösten mal den Boden berühren und sich geschmacklich entfalten können und es nicht schwarz anbrennt! Nach etwa 5 Minuten das Wasser hinzugeben, so viel Wasser das es doppelt so hoch steht wie der Gemüseinhalt des Topfes ist. Wenn das Wasser kocht einen Teelöffel Salz hinzugeben und verrühren.15 Minuten köcheln lassen. In dieser Zeit kann man auch noch die mitkochen lassen. Hinterher nochmals mit Salz und Pfeffer abschmecken.   (15-25 Minuten)

Linsensuppe

Rezept 1:
1 Packung Linsen ca. 500g, über Nacht in reichlich Wasser einweichen lassen

Hergestellt wie die Gemüsesuppe (Seite 51) nur dass Sie anstatt der Nudeln die Linsen mitkochen. Mit Salz und / oder mittelscharfen Senf abschmecken.   (15-25 Minuten)

Alternativ:

Rezept 2:
2 Liter Gemüsesuppe
2 Dosen gekochte Linsen, ca. 880g

Hergestellt wie die Gemüsesuppe (Seite 51), nur dass Sie anstatt der Nudeln die Linsen aus der Dose mitkochen.
Mit Salz und / oder mittelscharfen Senf abschmecken.
Gut verrühren.   (15-25 Minuten)

Hochzeitssuppe

Hergestellt wie die Gemüsesuppe (Seite 51), nur dass Sie anstatt der Nudeln kleine Hackbällchen (Seite 41) dazu geben.
                (20-25 Minuten)

Wie der Name schon sagt, gut für Hochzeiten. Und um ganz „nebenbei" den allgemeinen Alkoholpegel zu senken.

Tomatensuppe

750g frische Tomaten, fein gewürfelt, ca. 2 x2 cm, oder 1 große Dose Fleischtomaten pro Liter Suppe.
75g Tomatenmark 3-fach Konzentriert
100g fetter Speck, fein gewürfelt, 1x 1 cm, Veganer ohne Speck
1große Zwiebel, fein gewürfelt
1 EßL Zucker pro Liter
1TL Salz pro Liter
Pfeffer nach Geschmack
Wasser nach Bedarf
(Sahne nach Bedarf
)

In einem großen Topf die Speckwürfel anbraten, die fein gewürfelte Zwiebel hinzugeben und glasig werden lassen. Dann die frischen oder dosen Tomaten hinzugeben. Alles umrühren. Mit einem Pürierstab alles fein vermixen. Das Tomatenmark einrühren. Den Zucker und das Salz einrühren. Abschmecken. Eventuell wenn es nicht flüssig genug ist nach eignem ermessen Wasser zugeben. Umrühren. Wer Tomatensuppe lieber als „Samtsuppe" haben möchte kann sie jetzt durch ein Sieb streichen und danach Sahne hinzugeben, oder eben so lassen wie sie ist. Mit Salz und Pfeffer abschmecken.   (5-10 Minuten)

Gulaschsuppe (Ungarische Art)
(Bräter mit Deckel benötigt)

500g Rindergulasch, gewürfelt
300g Zwiebeln, grob gewürfelt
200g Tomaten, gewürfelt
50ml Sonnenblumen Öl
12g Paprika Gewürz, rosenscharf
1TL Salz

30g Tomatenmark, 3-fach konzentriert
150g grüne Paprikawürfel
250g Karotten, gewürfelt
1TL Majoran Gewürz
1TL Kümmel
20g Speisestärke
3L Wasser

Die Zwiebeln in einem Bräter scharf anbraten, bis diese glasig werden, dann das Gulasch hinzugeben und rund herum ebenfalls anbraten. Den Rosenpaprika sowie das Tomatenmark dazu geben. Gut umrühren. Von den 3L Wasser so viel dazu geben, dass das Gulasch grade eben bedeckt ist. Mit geschlossenem Deckel 25-30 Minuten köcheln lassen, so dass das Gulasch grade eben gar ist (probieren). Dann das restliche Wasser dazugeben, auch Kümmel, Majoran, die gewürfelte grüne Paprika, die Karottenwürfel und die Tomatenwürfel. Umrühren und mit Salz und Pfeffer abschmecken. 10 Minuten nochmal köcheln lassen.

Die Speisestärke mit etwas kalten Wasser anrühren.

Das Gulasch und die anderen festen Bestandteile im Bräter auf eine Seite schieben, so das sich auf der anderen Seite sie Sauce sammelt.

Jetzt mit einem Schneebesen, unter schnellem rühren, die in kalten Wasser gelöste Stärke einrühren um kurz darauf, fast gleichzeitig, alles wieder miteinander zu verrühren.

(40-45 Minuten)

Im Herbst und im Winter mit Salzkartoffeln (Seite 33) oder Klöße 1/2 & ½ besonders beliebt.

Kartoffelsuppe

400g geschälte mehlige / überwiegend mehlige Kartoffeln, in 2 x 2 cm Würfel.
80g Speck, gewürfelt
40g Zwiebel, fein gewürfelt
40g Lauch, in feine Streifen geschnitten
30ml Sonnenblumen Öl
ca. 1L Wasser
3g Liebstöckel Gewürz
3g Kerbel Gewürz
2g Kümmel Gewürz
1EßL Speisestärke
Salz nach eignen Geschmack

Die Zwiebel und den Speck mit dem Öl glasig schwitzen, den Lauch dazu und das Wasser hineingeben. Dann die Kartoffeln und die restlichen Gewürze. 15 Minuten mit Deckel kochen lassen. Ab und zu mal umrühren. Mit Salz nochmal abschmecken.

Für etwas mehr gewollte Bindung, Speisestärke mit etwas kalten Wasser anrühren, Mit einem weiten Schneebesen, unter schnellen rühren die gelöste Stärke schnell und kräftig einrühren, dann gibt es auch keine Klümpchen.   (30 Minuten)

Zwiebelsuppe (in der Pfanne gekocht)

200g geschälte Zwiebeln, in Streifen geschnitten

1EßL Mehl (405er)
2EßL Sonnenblumen Öl
Salz nach Geschmack
Wasser

Die Zwiebelstreifen in dem heißen Sonnenblumen Öl in der Pfanne beidseitig braun anrösten. Das Mehl darüber stäuben / streuen. Umrühren. Langsam Wasser dazugeben (bis die Zwiebeln etwas mehr als bedeckt sind) aber gleichzeitig mit einem Schneebesen zügig verrühren. Mit Salz abschmecken.

(12-15 Minuten)

Wer es Überbacken haben möchte:
1 Scheibe Toast
1 Scheibe Käse (mind.45%)

1 Scheibe Toast toasten.
Die Suppe in eine Suppentasse füllen, die Scheibe getoasteten Toast drauflegen, die Scheibe Käse auf den Toast legen. Mit einem Gas-Flambierer den Käse anschmelzen.

Wer keinen Flambierer hat kann den Toast im Ofen mit dem Käse drauf erhitzen bis dieser braun ist. (+3 Minuten)

Oder aber das Toast in eine Pfanne legen mit etwas Butter oder Fett anrösten. Die Scheibe Käse auf den Toast legen und dann in der Pfanne beides zusammen für ca. 5 Sekunden auf die Käseseite drehen / legen (Toast oben drauf). Mit einem Pfannenheber dann unterfassen und wieder zurück auf die Toastseite legen, bzw. direkt zurück auf die bereitstehende Suppe legen. (+5 Minuten)

Von Herbst bis Frühjahr besonders beliebt.

Notizen:

Sportler Karottensuppe

500g Karotten geschält, gewürfelt
Wasser nach Bedarf
1 mittlere Zwiebel, fein gewürfelt
50g Ingwer geschält, gerieben
1EßL Sonnenblumen Öl
(1TL Zucker)
Salz / Pfeffer nach Geschmack

Die Karotten und die Zwiebel fein würfeln und mit dem Öl anschwitzen bis es glasig ist. Dann den geriebenen Ingwer mit anschwitzen. Wenn alles zusammen glasig geworden ist,
mit so viel Wasser auffüllen bis grade eben alles bedeckt ist.
Warten bis es kocht und dann mit einem Pürierstab feinst vermixen. 5 weitere Minuten danach köcheln lassen. Manchmal je nach Jahreszeit sind die Karotten nicht süß, dann den Zucker hinzugeben und nochmal umrühren.
Mit Salz und Pfeffer vorsichtig abschmecken.

(15-20 Minuten)

Karottensuppe wird das ganze Jahr über gerne gegessen.
Und Gesund ist sie auch noch. Die Karotte liefert Zucker für den Energiehaushalt, das Carotin für die Augen (Sehkraft) und Sonnenschutz für hellhäutige Menschen im Sommer (Hautschutz) was den eventuellen Sonnenbrand natürlicher Art abmildert. Die Zwiebel ist gut für das Immunsystem und stärkt es. Der Ingwer wärmt von innen auf und regt die Verdauung an.

Cremesuppen

Broccoli Cremesuppe

500g Broccoli (mit Stiel)
1 mittlere Zwiebel, fein gewürfelt
1EßL Sonnenblumen Öl
0,3L Sahne
Salz nach Geschmack
1g Muskat
(0,1L Wasser)
(1TL Speisestärke)

Die Broccoli Rösschen vom Stiel abschneiden.
Vom Stiel den unteren 1 cm abschneiden und in der Biotonne entsorgen. Den restlichen Stiel in möglichst kleine Würfel schneiden.

Einen Kochtopf mit Salzwasser zum kochen bringen, Die Broccoli Rösschen darin 1 Minute lang kochen lassen und dann sofort das Wasser abgießen, und den Topf mit kalt Wasser auf die Rösschen erneut auffüllen. So wird das weitergaren gestoppt und die satte grüne Farbe wird erhalten. Dies nennt sich „Blanchieren (Seite 90). Es gibt tatsächlich Köche die nicht blanchieren können, zu erkennen an matschigen Rösschen mit Militärähnlicher olivgrüner Färbung des Broccoli.

Das Sonnenblumen Öl erhitzen und die feinen Zwiebelwürfel darin erhitzen, bis sie glasig sind. Dann den fein gewürfelten Stiel hinzugeben und ebenfalls glasig schwitzen lassen. Die 0,3 L Sahne dazugeben und 5 Minuten unter gelegentlichen umrühren kochen lassen. Dann nehmen Sie einen Stabmixer und pürieren alles ganz fein durch. Den Herd ausschalten und die Masse durch ein feines Haarsieb in einen neuen, sauberen Kochtopf geben. Den Topf mit der „passierten" (gesiebten) Suppe auf mittlerer Hitze erhitzen. Muskat hinzugeben und mit Salz abschmecken. (10-20 Minuten)

Ist Ihnen das Ergebnis zu flüssig, entweder weiter einköcheln lassen, oder noch etwas Sahne hinzugeben und einköcheln lassen. Oder ganz Hausfrau: 1 TL Speisestärke in 0,1L kalt Wasser auflösen und in die noch heiße Cremesuppe einrühren. Eventuell benötigen Sie nicht alles von der gelösten Stärke! Sollte es zu dick werden noch etwas Sahne oder Milch einrühren. Auf jeden Fall dann noch einmal abschmecken.

Die Rösschen kann man separat als Gemüse essen, oder ein paar kleine Rösschen als Einlage mit in die Suppe machen. Oder erstmal wegfrieren, für später. Auch als Broccoli überbacken mit Schinken Sahne Sauce sehr lecker. (Seite 42)

Lauchcremesuppe

1 Stange große Lauch
1 mittlere Zwiebel
1EßL Sonnenblumen Öl
0,4L Sahne
1g Muskat
Salz nach Geschmack
(0,1L Wasser)
(1TL Speisestärke)

Den Lauch der Länge nach einmal aufschneiden und gründlich die einzelnen Lagen mit kalt Wasser waschen. Danach den Wurzelballen abschneiden und entsorgen. Die Zwiebel fein würfeln. Den Lauch mit dem Sonnenblumen Öl erhitzen und glasig schwitzen lassen, die Zwiebel dazu geben und ebenfalls glasig werden lassen. Die 0,3 L Sahne dazugeben und 5 Minuten unter gelegentlichen umrühren kochen lassen. Dann nehmen Sie einen Stabmixer und pürieren alles ganz fein durch. Den Herd ausschalten und die Masse durch ein feines Haarsieb in einen neuen, sauberen Kochtopf geben. Den Topf mit der „passierten" (gesiebten) Suppe auf mittlerer Hitze erhitzen. Muskat hinzugeben und mit Salz abschmecken.   (10-20 Minuten)

Ist Ihnen das Ergebnis zu flüssig, entweder weiter einköcheln lassen, oder noch etwas Sahne hinzugeben und einköcheln lassen. Oder ganz Hausfrau: 1 TL Speisestärke in 0,1L kalt Wasser auflösen und in die noch heiße Cremesuppe einrühren. Eventuell benötigen Sie nicht alles von der gelösten Stärke! Sollte es zu dick werden noch etwas Sahne oder Milch einrühren. Auf jeden Fall dann noch einmal abschmecken.

Blumenkohlsuppe

500g Blumenkohl, auch der Stiel
1 mittlere Zwiebel, fein gewürfelt
1EßL Sonnenblumen Öl
O,4L Sahne
Salz nach Geschmack
Muskat nach Geschmack
(0,1L Wasser)
(1TL Speisestärke)

Den Blumenkohl entblättern und waschen. Danach den Strunk abschneiden und entsorgen. Die Rösschen vom Stiel abscheiden und beiseitelegen, Den Stiel in kleine Würfel schneiden. Die Zwiebel fein würfeln. Die Zwiebelwürfel mit dem Sonnenblumen Öl erhitzen und glasig schwitzen lassen, Den kleingeschnittenen Blumenkohlstiel mit 3-5 Minuten anschwitzen. Die 0,3 L Sahne dazugeben und 5 Minuten unter gelegentlichen umrühren kochen lassen. Dann nehmen Sie einen Stabmixer und pürieren alles ganz fein durch. Den Herd ausschalten und die Masse durch ein feines Haarsieb in einen neuen, sauberen Kochtopf geben. Den Topf mit der „passierten" (gesiebten) Suppe auf mittlerer Hitze erhitzen. Muskat hinzugeben und mit Salz abschmecken.   (10 Minuten)

Ist Ihnen das Ergebnis zu flüssig, entweder weiter einköcheln lassen, oder noch etwas Sahne hinzugeben und einköcheln lassen. Oder ganz Hausfrau: 1 TL Speisestärke in 0,1L kalt Wasser auflösen und in die noch heiße Cremesuppe einrühren. Eventuell benötigen Sie nicht alles von der gelösten Stärke! Sollte es zu dick werden noch etwas Sahne oder Milch einrühren. Auf jeden Fall dann noch einmal abschmecken.

Die Blumenkohlrösschen können wie der Stiel auch zur Cremesuppe verarbeitet werden. Es wäre aber schade darum. Lieber blanchieren (Seite 91) und als Gemüse zu einem Essen genießen.

Karottencremesuppe

500g Karotten, geschält, fein gewürfelt
1 mittlere Zwiebel, fein gewürfelt
1EßL Sonnenblumen Öl
0,3L Sahne
1TL Zucker
Salz nach Geschmack
(0,1L Wasser)
(1TL Speisestärke)

Die Karotten schälen und waschen. Danach den Strunk abschneiden und entsorgen. Die Karotte in kleine Würfel schneiden. Die Zwiebel fein würfeln. Die Zwiebelwürfel mit dem

Sonnenblumen Öl erhitzen und glasig schwitzen lassen, Die kleingeschnittenen Karottenwürfel 5 Minuten anschwitzen. Gelegentlich umrühren. Die 0,3 L Sahne dazugeben und 5 Minuten unter gelegentlichen umrühren kochen lassen. Dann nehmen Sie einen Stabmixer und pürieren alles ganz fein durch. Den Herd ausschalten und die Masse durch ein feines Haarsieb in einen neuen, sauberen Kochtopf geben. Den Topf mit der „passierten" (gesiebten) Suppe auf mittlerer Hitze erhitzen. Zucker hinzugeben, umrühren und mit Salz abschmecken.

(10 Minuten)

Ist Ihnen das Ergebnis zu flüssig, entweder weiter einköcheln lassen, oder noch etwas Sahne hinzugeben und einköcheln lassen. Oder ganz Hausfrau: 1 TL Speisestärke in 0,1L kalt Wasser auflösen und in die noch heiße Cremesuppe einrühren. Eventuell benötigen Sie nicht alles von der gelösten Stärke! Sollte es zu dick werden noch etwas Sahne oder Milch einrühren. Auf jeden Fall dann noch einmal abschmecken.

Sellerie Cremesuppe

500g Knollensellerie, geschält, fein gewürfelt
1 mittlere Zwiebel, fein gewürfelt
1EßL Sonnenblumen Öl
0,3L Sahne
1TL Zucker
Salz nach Geschmack
(0,1L Wasser)
(1TL Speisestärke)

Die Zwiebel fein würfeln. Die Zwiebelwürfel mit dem Sonnenblumen Öl erhitzen und glasig schwitzen lassen, Die kleingeschnittenen Selleriewürfel 5 Minuten anschwitzen. Gelegentlich umrühren. Die 0,3 L Sahne dazugeben und 5

Minuten unter gelegentlichen umrühren köcheln lassen. Dann nehmen Sie einen Stabmixer und pürieren alles ganz fein durch. Den Herd ausschalten und die Masse durch ein feines Haarsieb in einen neuen, sauberen Kochtopf geben. Den Topf mit der „passierten" (gesiebten) Suppe auf mittlerer Hitze erhitzen. Zucker hinzugeben, umrühren und mit Salz abschmecken.

(10 Minuten)

Ist Ihnen das Ergebnis zu flüssig, entweder weiter einköcheln lassen, oder noch etwas Sahne hinzugeben und einköcheln lassen. Oder ganz Hausfrau: 1 TL Speisestärke in 0,1L kalt Wasser auflösen und in die noch heiße Cremesuppe einrühren. Eventuell benötigen Sie nicht alles von der gelösten Stärke! Sollte es zu dick werden noch etwas Sahne oder Milch einrühren. Auf jeden Fall dann noch einmal abschmecken.

Paprika Cremesuppe

500g Paprika, entstrunkt, entkernt, Grob zerschnitten
1 mittlere Zwiebel, fein gewürfelt
1EßL Sonnenblumen Öl
0,3L Sahne
1TL Zucker
Salz nach Geschmack
(0,1L Wasser)
(1TL Speisestärke)

Die Paprika würfeln. Die Zwiebelwürfel mit dem Sonnenblumen Öl erhitzen und glasig schwitzen lassen, Die kleingeschnittenen Paprika 5 Minuten anschwitzen. Gelegentlich umrühren. Die 0,3 L Sahne dazugeben und 5 Minuten unter gelegentlichen umrühren köcheln lassen. Dann nehmen Sie einen Stabmixer und pürieren alles ganz fein durch. Den Herd ausschalten und die Masse durch ein feines Haarsieb in einen neuen, sauberen

Kochtopf geben. Den Topf mit der „passierten" (gesiebten) Suppe auf mittlerer Hitze erhitzen. Zucker hinzugeben, umrühren und mit Salz abschmecken. (10 Minuten)

Ist Ihnen das Ergebnis zu flüssig, entweder weiter einköcheln lassen, oder noch etwas Sahne hinzugeben und einköcheln lassen. Oder ganz Hausfrau: 1 TL Speisestärke in 0,1L kalt Wasser auflösen und in die noch heiße Cremesuppe einrühren. Eventuell benötigen Sie nicht alles von der gelösten Stärke! Sollte es zu dick werden noch etwas Sahne oder Milch einrühren. Auf jeden Fall dann noch einmal abschmecken. (15 Minuten)

Geschnetzeltes

Gulasch einfache Art
(Bräter mit Deckel benötigt)

500g Rindergulasch, gewürfelt
500g Zwiebeln, grob gewürfelt
2EßL Sonnenblumen Öl
1EßL Paprika Gewürz
1TL Salz
30g Tomatenmark, 3-fach konzentriert
1 Lorbeerblatt
1TL Kümmel
20g Speisestärke
3L Wasser

Gulasch in Sonnenblumen Öl scharf anbraten. Dann die Zwiebeln dazu und mit scharf anbraten. Dann alle Gewürze bis auf das Lorbeerblatt dazugeben. Alles gut verrühren und danach mit Wasser ablöschen und soweit mit Wasser auffüllen bis das

Gulasch komplett bedeckt ist. Wenn Sie mehr Sauce haben wollen können Sie auch mehr Wasser nehmen. Jetzt noch das Lorbeerblatt hinein und 40 Minuten kochen lassen. Nebenbei gelegentlich umrühren.

Das Gulasch und die anderen festen Bestandteile im Bräter auf eine Seite schieben, so das sich auf der anderen Seite sie Sauce sammelt.

Jetzt mit einem Schneebesen, unter schnellem rühren, die in kalten Wasser gelöste Stärke einrühren um kurz darauf, fast gleichzeitig, alles wieder miteinander zu verrühren. (50 Minuten)

Empfohlene Beilagen: Salzkartoffeln (Seite 32), Sprialnudeln oder Klöße ½ & ½.

Curry geschnetzeltes

Schritt 1:
500g Putenfleisch gewürfelt, ca. 3 x 3cm
1EßL Sonnenblumen Öl
1 größere Zwiebel, fein gewürfelt
1 kleine Dose Ananas Stücke, vom Saft getrennt
10g Currygewürz
2g Salz (1g + 1g)
2g Pfeffer (1g + 1g)
400ml Sahne
1 EßL Zucker

Schritt 2:
2 Tassen Reis
1,5L Wasser
2g Salz

Man kann anstatt der Ananas auch Dosenpfirsiche nehmen. Auch diese sind dann bei der Zubereitung klein zu schneiden und erstmal vom Saft zu trennen. (dann aber kein extra Zucker zugeben)

(zuerst) Zu Schritt 2:

Das Wasser mit dem Salz und dem Reis zum kochen bringen. Nebenbei drauf achten das der Reis nicht anbrennt wenn das Wasser weniger wird. Zwischendurch mal umrühren.

(20 Minuten)

Schritt 1 (gleichzeitig zu Schritt 2:)

Das gewürfelte Putenfleisch in der Pfanne mit dem Sonnenblumen Öl anbraten bis es fast durch ist (ein Stück durchschneiden, es sollte noch rosa sein). Mit 1g Salz und 1g Pfeffer würzen. Dann vom Herd nehmen und das gebratene Fleisch auf einem Teller aufbewahren und zur Seite stellen. In der Pfanne nun die Ananasstücke ohne Saft anbraten, die Zwiebeln dazu geben, warten bis diese glasig sind und dann das Currygewürz 1g Salz, 1g Pfeffer, den Zucker zugeben und verrühren. Erst danach den Ananassaft mit dazu (dient zur besseren Entfaltung der Aromen in den Gewürzen). Gut verrühren. 3 Minuten einkochen lassen, dann die Sahne dazugeben und erneut verrühren. Nach weiteren 3 Minuten köcheln lassen und umrühren, das vorgebratene Putenfleisch zugegeben. Verrühren, so das alle Stücke mit der Currysauce benetzt sind. Jetzt den Herd ausschalten und alles zusammen noch mal 5 Minuten ziehen lassen.   (12-20 Minuten)

Der Reis sollte zwischenzeitlich fertiggekocht sein. Diesen dann auf einem tiefen Teller auftürmen und mit einer Kelle das leckere Currygeschnetzelte darüber gießen.

Anstatt Reis kann man auch mit Spiralnudeln dieses leckere Gericht genießen. Zu trinken einen Fruchtsaft dazu.

Paprika Geschnetzeltes

Schritt 1:
500g Putenfleisch
500g Paprika entstrunkt, entkernt und gewürfelt
2EßL Sonnenblumen Öl
2 Zwiebeln fein gewürfelt oder in Streifen geschnitten
10g Paprikagewürz
1TL Zucker
3g Pfeffer (2g + 1g)
3g Salz (2g + 1g)
400 ml Sahne

Schritt 2:
1,5L Wasser
2 Tassen Reis
2g Salz

(zuerst) Zu Schritt 2:

Das Wasser mit dem Salz und dem Reis zum kochen bringen. Nebenbei drauf achten das der Reis nicht anbrennt wenn das Wasser weniger wird. Zwischendurch mal umrühren. Nebenbei Schritt 1 machen.   (20 Minuten)

Zu Schritt 1:
Das gewürfelte Putenfleisch in der Pfanne mit dem Sonnenblumen Öl anbraten bis es fast durch ist (ein Stück durchschneiden, es sollte noch rosa sein). Mit 1g Salz und 1g

Pfeffer würzen. Dann vom Herd nehmen und das gebratene Fleisch auf einem Teller aufbewahren und zur Seite stellen. In der Pfanne nun die Paprikastücke anbraten zusammen mit den Zwiebeln bis beides glasig geworden ist. Die Gewürze zugeben und das Salz. Gut verrühren. Die Sahne zugeben und den Zucker. Umrühren. Wenn die Sahne etwas eingekocht ist, das Putenfleisch zugeben und weitere 5 Minuten köcheln lassen.

Der Reis sollte fertiggekocht sein. Diesen auf einem tiefen Teller anhäufen und das Paprikageschnetzelte mit einer Kelle drüber geben. (15-20 Minuten)

Aufläufe

Nudelauflauf

500g Nudeln gekocht
200g Kochschinken Scheiben, in Streifen, Würfel geschnitten
250g Reibekäse
3g Salz
1g Pfeffer
4 Eier
400ml Sahne

Die gekochten Nudeln in einer Auflaufform verteilen. Den Kochschinken drüberstreuen, darüber den Käse streuen.

In ein weiteres etwas höheres Gefäß die 4 Eier aufschlagen, die Sahne zugeben, Salz und Pfeffer dazu. Kräftig verrühren. Die nun entstandene Masse nennt sich „Rue" und wird vorsichtig über den vorher gefertigten Auflauf gleichmäßig verteilt.

Das ganze dann 30-40 Minuten im vorgeheizten Ofen bei 180 Grad und Ober.- & Unterhitze gebacken.   (45 Minuten)

Nudelauflauf „neumodisch"

500g Nudeln roh (ungekocht)
200g Kochschinken Scheiben, in Streifen, Würfel geschnitten
250g Reibekäse
3g Salz
1g Pfeffer
4 Eier
400ml Sahne
400ml Wasser

Die rohen ungekochten Nudeln in einer Auflaufform verteilen. Den Kochschinken drüberstreuen, darüber den Käse streuen.

In ein weiteres etwas höheres Gefäß die 4 Eier aufschlagen, die Sahne zugeben, das Wasser, Salz und Pfeffer dazu. Kräftig verrühren. Die nun entstandene Masse wird vorsichtig über den vorher gefertigten Auflauf gleichmäßig verteilt.

Das ganze dann ca. 50 Minuten im vorgeheizten Ofen bei 180 Grad und Ober.- & Unterhitze gebacken. Sollte sich wider erwarten nach 50 Minuten noch freie Flüssigkeit im Auflauf befinden einfach noch mal 5 Minuten länger im Ofen lassen.

(55-60 Minuten)

Notizen:

Nudelauflauf mit Gemüse

*TK = Tiefkühl(-Gemüse)

500g Nudeln gekocht
200g Kochschinken Scheiben, in Streifen, Würfel geschnitten
150g *TK Kaisergemüse (Karotten, Blumenkohl, Broccoli)
250g Reibekäse
3g Salz
1g Pfeffer
4 Eier
400ml Sahne

Die gekochten Nudeln in einer Auflaufform verteilen. Den Kochschinken drüberstreuen, das Gemüse gleichmäßig verteilen. Darüber den Käse streuen.

In ein weiteres etwas höheres Gefäß die 4 Eier aufschlagen, die Sahne zugeben, Salz und Pfeffer dazu. Kräftig verrühren. Die nun entstandene Masse nennt sich „Rue" und wird vorsichtig über den vorher gefertigten Auflauf gleichmäßig verteilt.

Das ganze dann 30-40 Minuten im vorgeheizten Ofen bei 180 Grad und Ober.- & Unterhitze gebacken.   (35-45 Minuten)

Nudelgerichte

Spagetti Bolognese

Schritt 1:
500g Spagetti
3g Salz
3L Wasser
Schritt 2:
500g gemischtes Hack, ungewürzt
1-2 L heißes Wasser; aus Wasserkocher oder Wasserhahn
1 mittlere Zwiebel fein gehackt
1TL Oregano
1TL Thymian
200g 3-fach konzentriertes Tomatenmark
Salz nach Geschmack
(1EßL Zucker)
1g Pfeffer

Zu Schritt 1:
Das Wasser mit den 3g Salz versetzen und zum kochen bringen. Wenn das Wasser kocht, die Spagetti Waagerecht über den Topf halten und mit einer Hand-Drehbewegung hineingeben. So verteilen sich die Spagetti schon zu Anfang besser im Topf, aber Vorsicht! Nicht die Hand im Wasserdampf verbrennen. Alle 1-2 Minuten die Spagetti mit zwei Gabeln auseinander ziehen, da diese sonst miteinander verkleben könnten. Nach 5-8 Minuten kochen sollten die Spagetti unwiederbringlich getrennt sein, so dass man sich getrost der Bolognese zuwenden kann. Kochzeit etwa, je nach Sorte 12-20 Minuten. Fertig sind diese wenn sie noch etwas „Bissfest"/"al Dente" sind. Dann die Kochplatte ausschalten und das Wasser komplett abgießen.

Schritt 2:
Das gemischte Hack in einer Pfanne mit etwas Sonnenblumen Öl gleichmäßig durchbraten. Die fein gewürfelte Zwiebel dazu geben und etwas glasig werden lassen. Alle anderen Gewürze, das Salz und den Zucker drüberstreuen und umrühren. Das Tomatenmark drüber geben und ebenfalls unterrühren. Füllen Sie jetzt die Pfanne mit so viel Wasser auf das entweder alles grade eben bedeckt ist oder (für etwas mehr Sauce bis kurz unter den Pfannenrand) aber nur so viel das sie noch umrühren können ohne dass es über den Pfannenrand tritt.
Ist Ihnen die Bolognese zu flüssig, einfach einkochen lassen.
Gelegentliches umrühren nicht vergessen.   (20 Minuten)

Wer es lieber vegetarisch mag, der kann das Hack weglassen und stattdessen 4 Zwiebeln feinhacken und als ersten Schritt im Rezept loskochen.

Der Zucker ist auch nur dann nötig, wenn das Tomatenmark säuerlich ist. Wie seit Jahren das Produkt von dem Discounter mit dem blau-gelben Logo zum Beispiel.

Bandnudeln mit Pesto

Schritt 1:
200g Bandnudeln
2g Salz
2L Wasser

Schritt 2:
1 Bund frischer Basilikum
50g Pinienkerne
(1g) Salz nach Geschmack
1EßL Olivenöl
(Parmesan)

(1 Tomate, halbiert, entkernt, in feine Würfel geschnitten)

Zu Schritt 1:
Das Wasser mit dem Salz mischen, zum Kochen bringen.
Wenn das Wasser kocht die Bandnudeln hineingeben.
Gelegentlich umrühren.

Zu Schritt 2:
Das Basilikum fein vorschneiden, in einen Mixer geben, (oder in ein Gefäß für einen Handmixer). Die Pinienkerne mit ins Gefäß geben, den Esslöffel Olivenöl, das Salz. Dann alles sehr fein vermixen, bis eine flüssige Paste entstanden ist.

Wenn Die Bandnudeln fertig sind das Wasser weggießen.
2 Varianten des anrichten:
zum einen die Bandnudeln auf einen Teller machen und das Peso oben drauf verteilen.

Oder zum anderen das Pesto mit in den Kochtopf geben und direkt mit den Bandnudeln verrühren.

Wer es mag kann den im Rezept genannten Parmesan als Topping über das Gericht reiben.

Für einen Farbklecks kann man noch Tomatenwürfel über das Gericht streuen.   (15-20 Minuten)

Asia / Thai Gerichte

Asia Standardrezept

Ca. 114g ~ 2 Quadratische Platten „Quick Cooking Noodles"
oder
ca. 125g ~ 1 rechteckige Platte „Mie-Nudeln"
100g Paprikawürfel
50g Karottenstreifen
50g frische Sojasprossen (Asia Shop)
2L kaltes Wasser
3EßL Sojasauce (salzig)

Alternativ:
200g Tiefkühlgemüse mit beliebiger Zusammensetzung. Es sollte aber keine Buttermischung oder aufgesprühte Würzmischung vorhanden sein.

Entgegen europäischen Nudeln oder Spagetti werden asiatische Nudeln mit kalt Wasser zum kochen aufgesetzt.
Auch die kalten Zutaten, bis auf die Sprossen, können schon mit ins Nudelwasser.

Es ist unbedingt darauf zu achten das Nudelwasser nicht zu salzen. Ansonsten ist das fertig Essen am Ende versalzen!

Umso früher man die Nudeln einweichen lässt umso kürzer ist die Garzeit. (Funktioniert mit Reis übrigens auch).

Alles bis auf die Sojasauce und die Sojasprossen, zusammen mit dem anfangs kalten Wasser aufkochen. Wenn die Nudeln weich sind und das Gemüse noch leicht „Bissfest, das komplette Wasser weggießen. Mit einem Haarsieb als „Deckel" funktioniert dies am besten. Das Gericht in Topf oder der Pfanne lassen und mit der Sojasauce übergießen. Gut durchrühren! Die Sojasprössen drüberstreuen. (10-12 Minuten)

Asiagericht mit Hähnchen und Ei

100g Hähnchenbrust
2 Eier
Ca. 114g ~ 2 Quadratische Platten „Quick Cooking Noodles"
oder
ca. 125g ~ 1 rechteckige Platte „Mie-Nudeln"
100g Paprikawürfel
50g Karottenstreifen
50g frische Sojasprossen (Asia Shop)
2L kaltes Wasser
3EßL Sojasauce (salzig)

Alternativ:
200g Tiefkühlgemüse mit beliebiger Zusammensetzung. Es sollte aber keine Buttermischung oder aufgesprühte Würzmischung vorhanden sein.

Entgegen europäischen Nudeln oder Spagetti werden asiatische Nudeln mit kalt Wasser zum kochen aufgesetzt.
Auch die kalten Zutaten, bis auf die Sprossen, können schon mit ins Nudelwasser.

Es ist unbedingt darauf zu achten das Nudelwasser nicht zu salzen. Ansonsten ist das fertig Essen am Ende versalzen!

Umso früher man die Nudeln einweichen lässt umso kürzer ist die Garzeit. (Funktioniert mit Reis übrigens auch).

Das Hähnchenfleisch in feine Streifen schneiden und vorab mit etwas Öl in einer Pfanne glasig köcheln lassen. Vom Herd nehmen und zur Seite stellen.

Die Eier aufschlagen, verquirlen und wie Rührei <u>ohne Salz</u> in einer Pfanne mit wenig Sonnenblumen Öl stocken lassen. Mit einer Rührhilfe das gestockte Ei in kleine Stücke zerstochern.

Alles bis auf die Sojasauce und die Sojasprossen das gebratene Hähnchen und das gestockte Ei, zusammen mit dem anfangs kalten Wasser aufkochen. Wenn die Nudeln weich sind und das Gemüse noch leicht „Bissfest, das komplette Wasser weggießen. Mit einem Haarsieb als „Deckel" funktioniert dies am besten. Das Gericht in Topf oder der Pfanne lassen und mit der Sojasauce übergießen, das Hähnchen und das Ei dazugeben. Gut durchrühren! Die Sojaprössen drüberstreuen. (12 Minuten)

<u>Asia Chillisauce süß-sauer, gekocht</u>

50g Tomatenmark
100g frische Chillies fein gewürfelt mit Kernen
3EßL Branntweinessig (5%)
3g Salz
100g Zucker
300ml Wasser
(3 Zehen zerdrückten Knoblauch)

Bei den Chillies den Stiel abschneiden und entsorgen.
Mit einem scharfen Messer den Chili der Länge nach halbieren, und dann ganz klein scheiden; fein Würfeln.

Alle Zutaten bis auf den Zucker und das Tomatenmark in einen Kochtopf geben und so lange kochen lassen bis die Chilischalen zerkocht sind. Dann das Tomatenmark hinzugeben und den

Zucker. Wer Knoblauch mag kann diesen auch mitkochen. Bei gelegentlichen umrühren einkochen lassen bis die gewünschte Saucenkonsistenz erreicht ist.   (10-12 Minuten)

Es wird empfohlen während der gesamten Zubereitung Einweghandschuhe zu tragen. Es könnte sonst im wahrsten Sinne des Wortes „ins Auge gehen".

Für alle Asiatischen Gerichte geeignet.

<u>Notizen:</u>

Saucen anstatt Chemie Soßenbinder

(Saucenbinder aus dem Laden sind nichts weiter als Stärke, Salz, Pfeffer, Zucker **ABER:** mit Chemie als Geschmacksverstärker oder Hefen die ebenfalls als Geschmacksverstärker dienen sowie als Farbstoffe **plus** die Extra-Chemie die benötigt wird um alles haltbar zu machen, teilweise stark Krebserregender Natur.

Sieh her (Seite 78); wie einfach es ist - und wie schnell es geht, jede erdenkliche Sauce zum Braten, etc. selber zu machen, ganz ohne Chemie! Und gesund ist es auch noch dazu.

Methode 1:

Mehlschwitze klassisch

100g Mehl
100g/ml Butter oder Margarine oder Sonnenblumen Öl

Das gewünschte Fett in einer Pfanne erhitzen bzw. schmelzen lassen. Unter stetigem rühren mit einem Schneebesen oder Holzlöffel. Das Mehl einrühren, so dass es seine trockne Konsistenz verliert.
Sobald das Mehl eingebunden ist, die aus dem jeweiligen Rezept entstandene Sauce (Bratensaft, Gemüsesuppe, Brühe, Fleischsaft etc.) langsam in das Mehl einrühren, entweder bis die Sauce aufgebraucht ist oder man entsprechende Menge und Bindung erreicht hat. Sollte es zu wenig Sauce geben, ist es kein Problem auf was heißes Wasser zusätzlich auszuweichen. Eventuell hinterher noch mal mit den für das Rezept gewünschten Gewürzen oder Salz abschmecken.
Herd ausstellen, da durch den Mehlanteil es jetzt schneller anbrennen, bzw. ansetzen kann.   (2-4 Minuten)

Standardrezept von jeder Hausfrau und allen Köchen die sich an Traditionen halten, um zum Braten und Geflügel immer schnell eine sehr schmackhafte Sauce in kurzer Zeit und wenig Arbeit um Gericht zu haben.

Notizen:

Methode 2:

Abbinden mit Stärke

100ml / 0,1L kaltes Wasser
2 EßL gehäuft mit Speisestärke bzw. Kartoffelstärke

Das kalte Wasser mit der Stärke verrühren.
Dann langsam (rein gießen) und unter ständigen rühren in den gewünschten heißen Sud, Suppe, Sauce, Salzwasser, Bratensaft, etc. einrühren. So lange bis die gewünschte Konsistenz erreicht ist. Dann den Herd ausstellen.

Wird die Sauce zu dick, noch etwas Produktflüssigkeit einrühren, sollte keine mehr da sein, geht auch heißes Wasser und abschmecken mit Salz, etc. hinterher.

Ist die Sauce immer noch zu dünn, nochmals kaltes Wasser und Stärke zusammenrühren. Und den Bindevorgang weiterführen.

Sehr gute Verwendung bei Kartoffel.- und Erbsensuppen, aber auch Linsensuppe & diverse Getreide.- & Gemüsesuppen.

(je nach Menge ca. 1 Minute pro Liter fertiges Produkt)

Notizen:

Desserts / Nachtisch

Bananenbrot

Schritt 1:
3 große Bananen zerdrücken
100g ungesalzene Butter
75g Zucker
2 Eier, aufgeschlagen
150g Mehl
1 Messerspitze Backpulver
1 Messerspitze Vanille
80g Walnüsse
40g Rosinen

Schritt 2:
1 Stück Backpapier oder Brotpapier
10g Butter oder Margarine
50g Paniermehl

Alle Zutaten von Schritt 1 mit einem Rührgerät zu einem Teig vermischen.
Schritt 2: Eine rechteckige Brotbackform mit Hilfe des Backpapieres und der Butter einschmieren und darauf das Paniermehl verteilen. Damit sich der Bananenkuchen später problemlos aus der Backform lösen lässt.

Bei 180 Grad 1 Stunde mit Oberhitze backen lassen.

Schmeckt zu jeder Tageszeit und gibt viel Energie für die Schule oder Arbeit.   (70 Minuten)

Quarkspeise Mandarine

500g Quark oder Magerquark
50ml Sahne oder Milch
20g Zucker
1 kleine Dose Mandarinen

Alle Zutaten miteinander verrühren. (2 Minuten)

Alternativ können Sie jedes beliebige Obst aus der Dose nehmen. Wenn Sie frisches Obst nehmen erhöht sich der Anteil von Sahne oder Milch. Und es sollte der Saft einer halben Zitrone dazu gegeben werden.

Quarkspeise Zitrone

500g Quark oder Magerquark
50ml Sahne oder Milch
30g Zucker
Saft einer Zitrone

Alle Zutaten miteinander verrühren. (2 Minuten)

Erdbeeren in Pfeffervodka

250g Erdbeeren, gewaschen, halbiert oder geviertelt
20g / 1 Eßl Zucker
10g / 1 TL eingelegter grüner Pfeffer
5cl / 50ml Vodka

Erdbeeren putzen, waschen, halbieren, den Zucker darüber streuen und 1 Stunde Saft im Kühlschrank ziehen lassen.

Erdbeeren portionieren, 1 Teelöffel voll grünen Pfeffer darüber streuen und mit Vodka übergießen.

(ohne Saft ziehen lassen 5 Minuten, mit Saft 65 Minuten)

Erfrischend im abendlichen Hochsommer.

Milchreis (mit Zimt & Zucker)

200g Milchreis (Rundkornreis)
600ml Milch
50g Zucker (30g + 20g)
1TL gestrichen Zimt

Den Rundkornreis mit der Milch und 30g Zucker kalt auf den Herd stellen. Den Herd auf höchste Stufe einschalten. Wenn die Milch kocht den Herd auf mittlere Hitze, meist Stufe 2 runterdrehen. Es ist wichtig das ständig leicht umgerührt wird damit nichts anbrennt. Nicht zu schnell rühren sonst entweicht zu viel Temperatur aus dem Milchreis und es dauert ungleich länger und kostet dadurch auch unnötig viel Energie. Der Milchreis ist in der Regel fertig wenn keine Milch mehr zu sehen ist. Zur Kontrolle mit einem großen Löffel versuchen ein Loch in der Mitte des Kochtopfes im Milchreis zu machen, um zu sehen ob noch Milch da ist. Sollte der Milchreis beim probieren noch etwas zu „körnig" sein, einfach noch etwas Milch in den Topf geben. Und weiter langsam weiter rühren. Milchreis auf einem Teller portionieren. Zimt & Zucker mischen und über den Milchreis streuen.   (30 Minuten)

Alternativ schmeckt Milchreis auch mit Apfelmus (Seite 83) sehr gut.

Apfelmus

250g geschälte Äpfel entstrunken, in grobe Würfel schneiden
Wasser
1EßL Zitronensaft
2EßL Zucker (Wenn Äpfel nicht süß)
(1g Zimt)

Die Äpfel in einen Kochtopf geben und so mit Wasser bedecken dass sie grade eben bedeckt sind. Den Zitronensaft dazu geben. Aufkochen lassen und die Äpfel mit einer Gabel zerdrücken oder einem Kartoffelstampfer. Gelegentlich umrühren damit es nicht ansetzt. Wer mag kann mit Zimt abschmecken.   (12 Minuten)

Notizen:

Eismasse:n (ohne kochen)

Vanilleeis (für Eismaschinen)

200g Sahne
100ml/g Milch
30g Vanillezucker

In Eismaschine geben.   (Zeit je Eismaschine 8-25 Minuten)

Vanilleeis (ohne Maschinen; im Gefrierfach)

300g Sahne
50ml/g Milch
30g-40g Vanillezucker

Die Sahne mit dem Zucker luftig aufschlagen und die Milch unterheben. In ein vorgefrohrenes Gefäß geben und glatt-streichen. Mit einer Plastikfolie oder passenden Deckel abdecken. Umgehend einfrieren! In einem 3-Sternefach sollte die Masse innerhalb 2-3 Stunden fest genug sein.

(3 Minuten plus Gefrierzeit)

Erdbeereis (ohne Maschinen; im Gefrierfach)

200g Sahne
50ml/g Milch
20g-30g Vanillezucker
50g-80g fein gewürfelte frische Erdbeeren ODER
„Erdbeerkakao", dann aber ohne Extra Zucker.

Die Sahne mit dem Erdbeerkakao <u>oder</u> Zucker luftig aufschlagen und die Milch unterheben. Die Erdbeeren unterheben. In ein vorgefrohrenes Gefäß geben und glattstreichen. Mit einer Plastikfolie oder passenden Deckel abdecken. Umgehend einfrieren! In einem 3-Sternefach sollte die Masse innerhalb 2-3 Stunden fest genug sein.

(5 Minuten plus Gefrierzeit)

<u>Schokoladeneis (ohne Maschine)</u>

200g Sahne
50ml/g Milch
50g-80g echter Kakao oder
80g gezuckerter Kakao, (dann aber ohne Extra Zucker weiter)
30g Vanillezucker

Variante 1:
Die Sahne mit dem echten Kakao und dem Zucker luftig aufschlagen, die Milch unterheben.

Variante 2:
Die Sahne mit dem gezuckerten Kakao und <u>ohne</u> den Extra-Zucker luftig aufschlagen, die Milch unterheben.

Ab hier für beide Varianten weiter:

Die Masse in ein vorgefrohrenes Gefäß geben und darin glatt – streichen. Mit einer Plastikfolie oder passenden Deckel abdecken. Umgehend einfrieren. (5 Minuten plus Gefrierzeit)

Schokoladeneis für Eismaschine (ohne kochen)

200g Sahne
100g/ml Milch
50g-80g (echter) Kakao
20-30g Zucker

Alle Zutaten verrühren und in die Eismaschine geben.

(8-25 Minuten)

Für alle anderen Geschmacksrichtungen gilt:

Grundrezept für Vanilleeis plus Geschmacksrichtung:
(1 Tasse voll) oder 50g-80g Geschmacksrichtung.

Vanilleeis (ohne Maschinen; im Gefrierfach)

300g Sahne
50ml/g Milch
30g-40g Vanillezucker

Bei festen Geschmacksrichtungen wie Schokolade oder Nüsse können diese direkt mit untergehoben werden. (Bei flüssigen Geschmacksrichtungen wie Marmelade oder Alkohol erst wenn die Masse schon halb gefroren ist, die Geschmacksrichtung unterheben). Mit einer Plastikfolie oder passenden Deckel abdecken. Umgehend einfrieren! In einem 3-Sternefach sollte die Masse innerhalb 2-3 Stunden fest genug sein.

(5 Minuten plus Gefrierzeit)

Alle anderen Eissorten wie Vanilleeis Rezept, plus gewünschte Geschmacksrichtung.

Kokos Eis (für Eismaschinen)

200g Sahne
100ml/g Milch
30g Vanillezucker
2EßL Kokosflocken

In Eismaschine geben.   (Zeit je Eismaschine 8-25 Minuten)

Kokos Eis (ohne Eismaschine im Gefrierfach

200g Sahne
100ml/g Milch
30g-40g Vanillezucker
2EßL Kokosflocken

Die Sahne mit dem Zucker luftig aufschlagen und die Milch unterheben. Die Kokosflocken unterheben. In ein vorgefrohrenes Gefäß geben und glattstreichen. Mit einer Plastikfolie oder passenden Deckel abdecken. Umgehend einfrieren! In einem 3-Sternefach sollte die Masse innerhalb 2-3 Stunden fest genug sein.

(5 Minuten plus Gefrierzeit)

Wassereis / Milchspeiseeis

Fruchtsäfte oder Kohlensäurelose Getränke bzw. Tee, Fruchtmilch oder Kakaogetränk funktionieren. Auch selbstgemachte Milchshakes, selbst mit Fruchtanteil funktionieren.

Getränk ist kleine Behälter wie Pappbecher oder Kunststoffbecher füllen. Einen Löffel oder Holzstab hineinstellen als späteren Eis-Stiel. Einfrieren   (5 Minuten plus Gefrierzeit)

<u>Notizen:</u>

Sushi & Sashimi bzw. Maki

Grundausstattung für Sushi (mit Fisch, meist roh) & Sashimi bzw. Maki (ohne Fisch, mit Gemüse Füllung):

1 Bambusrollmatte (Asia Shop)
Nori Blätter (Algenblätter) ca. 20cm x 25cm (Asia Shop)
Sushi-Essig selbst gemischt
Salatgurke / Schlangengurke
Avocado (ohne Kern, ohne Schale)
Tomate (ohne Kerne, ohne Schale) (Seite 90)
Paprika (ohne Kern, ohne Schale) (Seite 90)
Karotte geschält, blanchiert (Seite 90)
Zucchini
Schnittlauch
Sushi: roher Fisch nach Wahl zum Beisp.: Lachs oder Thunfisch oder als:
Sashimi / Maki, ohne Fisch
Weiteres Gemüse nach Ihrer Wahl

Notizen:

Blanchieren für Sushi Gemüse

Im Gegensatz zum normalen blanchieren, wird bei blanchieren für Sushi Gemüse kein Salz in das Kochwasser gegeben. Da sonst das Endprodukt versalzen wäre.

1L Wasser zum kochen bringen.

Bei Tomaten den Strunk entfernen, Tomate halbieren, Kerne mit einem Löffel entfernen.

Bei Paprika dem Strunk rausschneiden, halbieren und die Kerne entfernen.

Bei Karotten die Schalen schälen und vorab in 5mm x 5mm Streifen schneiden.

Wenn das Wasser kocht, jeweilig das vorbereitete Gemüse für sich alleine blanchieren.

Das heißt: wenn das Wasser kocht, das Gemüse für 30 Sekunden bis maximal 1 Minute hineintauchen und sofort wieder herausnehmen, am besten mit einer Schaumkelle.
Das blanchierte Gemüse sofort mit kalt Wasser abkühlen (besser noch mit Eiswürfel im Wasser), bzw. auskühlen lassen.
Dauert das blanchieren länger zerfällt das Gemüse oder wird matschig.

Bei der Tomate und der Paprika kann man nun ganz mühelos Die Schalen abziehen. Die Karotte ist nun „Bissfest" und nicht mehr hart.
Nachdem die Schalen entfernt sich kann man ganz mühelos alles in Streifen schneiden und hat beim späteren Essen ein tolles Mundgefühl.   (5-10 Minuten)

<u>Blanchieren für normales Gemüse / **nicht** für Sashimi / Maki!)</u>

Blanchieren mit Salz dient für „normales" Gemüse dazu es länger haltbar zu machen, Bitterstoffe zu entfernen, Farbe dauerhaft zu erhalten, (restliche Vitamine zu schonen, falls überhaupt noch vorhanden!), vor allem aber die Pflanzeneignen Enzyme zu inaktivieren um eine weitere Reifung des Gemüses zu unterbinden und damit das vorzeitige schlecht werden.

Weitere Vorteile des blanchieren sind: Zeit und Energieersparnis. Sowie Haltbarmachung auf Biologische Art und gleichzeitige Vorbereitung für die spätere Weiterverarbeitung, da schon „Bissfest" / „al Dente".

<u>Sushi Essig für Sushi Reis</u>

125ml Reisessig (Asia Shop)
4TL Zucker
2TL Salz
1TL Sojasauce (Asia Shop))

Alles miteinander mischen und verrühren bis der Zucker gelöst ist. Mit dem kalten Reis vermischen.   (3-5 Minuten)

(Rezept reicht für 880g gekochten und erkalteten Rundkorn Reis)

Notizen:

Sushi Reis

880g Rundkorn Reis („Milchreis")
reichlich Wasser

Rundkornreis verklebt gerne was bei Milchreis willkommen ist, nicht aber für die Verwendung von Sushi Reis.

Den Rundkornreis in eine große Schüssel geben und mit reichlich Wasser mit der Hand waschen. So lange das Wasser optisch milchig wird muss der Reis weiter gewaschen werden und das Wasser gelegentlich gewechselt werden. Erst wenn das Wasser klar bleibt kann ein optimaler und kleberfreier Sushi Reis gekocht werden.

Dann den gewaschenen Rundkornreis mit Wasser kochen, bis dieser weich ist. Wasser ausgießen. Dann abkühlen lassen.

(10-15 Minuten)

Wenn der Reis kalt ist, mit dem Sushi-Essig mischen. (Seite 86).

Sojasauce

Zum Dippen der Sashimi/Maki oder Sushi Röllchen wird die übliche Sojasauce benutzt. Geschmacklich finde Ich persönlich die Thailändische Sojasauce oder die holländische. Die Chinesische und die Japanische schmeckt mir gar nicht dazu. Aber das muss jeder für sich selber entscheiden.

Notizen:

Ingwer eingelegt

100g Ingwer, geschält & gerieben
50ml Reisessig
1TL Zucker

Den Reisessig mit dem Zucker vermischen und dann darin den Ingwer einlegen. Hält Wochenlang, wenn es in einem verschlossenen Behältnis aufbewahrt wird. Zum Beispiel ein Marmeladenglas mit Deckel.
Würzen ist beim Ingwer nicht nötig da er selber eine spannende schärfe besitzt.

Zum gemeinsamen Verzehr mit dem Sushi oder Sashimi / Maki-Röllchen.   (10 Minuten)

Wasabi

Kaufen Sie Wasabi am besten im Asia Shop, die wohl schärfste Paste neben Chili. Zumal man in unseren Breitengraden eh nur ganz selten, wenn überhaupt an dieses Pflanzerl herankommt. Meerrettich kommt nicht in Frage, da dieser eine ganz andere geschmackliche Note aufweist, fern von Wasabi.

Zum gelegentlichen Dippen der Sushi Portionen, für die scharfwürzigen Momente dabei.

Notizen:

Sushi Rollen (mit Fisch)

Sie können den rohen Fisch Ihrer Wahl nehmen, meist ist Lachs oder Thunfisch üblich. Wer sich zu Anfang nicht traut rohen Fisch zu essen, kann auch erstmal mit Räucherlachs anfangen, was geschmacklich kaum ein Unterschied ist.

1Streifen roher Lachs oder Thunfisch (Durchmesser 1x1cm) mal insgesamt 25cm Länge für 1 Nori Blatt von 20cm x 25cm Größe.

1 Streifengeschälte und entkernte Salatgurke / Schlangengurke a 1cm x 1cm Durchmesser, ebenfalls 25 cm lang.
100g gekochter und angemachter Sushi Reis pro Nori Blatt (Rolle).

Breiten Sie die Bambusrollmatte aus, die breitere Seite nach oben und unten waagerecht ausgerichtet - und legen 1 Nori Blatt Algenpapier Kantengleich drauf. Breiten sie nun mit Hilfe eines Esslöffels die 100g Sushi Reis gleichmäßig drauf aus. Jedoch nicht dicker als einen halben cm (0,5cm bzw. 5mm).

Belegen:

Ca. 4 cm von der unteren Kante entfernt legen Sie nun von links nach rechts je ein Streifen Fisch, einen Streifen Gurke und/oder einen Streifen aus Avocado eng aneinander, über die gesamte Breite von ca. 25cm.

Rollen:

Fassen Sie seitlich die Bambusrollmatte am unteren Ende an und legen den unteren Rand des belegten Sushi Reis Algenblattes über die Füllung (Fisch / Gurke oder Avocado). Fassen Sie nun mit den Fingern an der Bambusrollmatte nach und rollen mit leichten Druck auf die Rollmatte nach vorn (vom Körper weg), bis sie eine komplette Rolle haben.

Diese scheiden Sie in ca. 2-3cm breite Stücke. Fertig ist Ihr persönliches Meisterwerk.

(Bis zur ersten fertigen Rolle 5-10 Minuten, danach jede weitere 1-2 Minuten)

Maki / Sashimi Rollen (ohne Fisch)

Wie Sushi (Seite 89), nur ohne Fisch, dafür mit 2-4 Gemüse-streifen als Füllung. (2-5 Minuten)

Sushi Happen

Für Sushi Happen / Fingerfood je 1 EßL Sushi Reis zu einem Rechteck erst in der Handfläche (Handschuhe anziehen!) und dann weiter zwischen den Fingern zusammendrücken und mit einer dünnen Scheibe Fisch (ca. 10-15g) belegen. Fertig
(20 Sekunden / Stück)

Notizen:

Marmeladen

750g Früchte beliebiger Art, gewaschen, geputzt, geschnitten
250ml (1/4L) Wasser
500g Gelierzucker 2:1, (0,69€ - 2,50€) kein Unterschied nur der Preis
Ca. 4-6 Einmachgläser mit gewässerten Deckeln (damit der „Copound" aufweicht, (weiße Masse im Deckel) für ein besseres Vakuum auf Anhieb.

Kochen:
Das Wasser mit den Früchten zusammen aufkochen, (Quitten brauchen als einzige Frucht deutlich länger zum weichkochen). Wenn die Masse kocht den Gelierzucker zügig und Klumpen frei einrühren.

Abfüllen:
In kurz vorher mit heiß Wasser vorerhitzten und ausgewaschenen Einmachgläsern bis 1 cm unter den Rand die Marmelade einfüllen und den Deckel schnell und fest verschließen. Dann das Glas auf den Deckel stellen, damit sich ein schnelleres und besseres Vakuum bilden kann. Welches die Marmelade fast auf ewig haltbar macht. (So lange in Vakuum im Glas vorhanden ist, können von außen keine Bakterien in das Glas eindringen und dadurch können sich keine Bakterien vermehren). In diesem Falle – ohne Sauerstoff, kein Leben!

(15 Minuten)

So weit so gut. Aber wie stark süß muss Marmelade denn sein? Gelierzucker ist nichts weiter wie reiner Zucker, fein vermahlen, gemischt mit einem Anteil von pulverisierter Gelatine.

Es geht auch ohne Extra-Zucker, wenn die Früchte selber süß genug sind.

Marmeladen (alle Früchte)ohne Gelierzucker, ohne Extra Zucker

750g Früchte beliebiger Art, gewaschen, geputzt, geschnitten
250ml (1/4L) Wasser
48-60g Tortenguss (rot oder klar), 4-5 Tütchen (0,29€)
Ca. 4-6 Einmachgläser mit gewässerten Deckeln (damit der „Copound" aufweicht, (weiße Masse im Deckel) für ein besseres Vakuum auf Anhieb.

Kochen:
Das Wasser mit den Früchten zusammen aufkochen, (Quitten brauchen als einzige Frucht deutlich länger zum weichkochen). Wenn die Masse kocht den Tortenguss zügig und Klumpen frei einrühren.

Abfüllen:
In kurz vorher mit heiß Wasser vorerhitzten und ausgewaschenen Einmachgläsern bis 1 cm unter den Rand die Marmelade einfüllen und den Deckel schnell und fest verschließen. Dann das Glas auf den Deckel stellen, damit sich ein schnelleres und besseres Vakuum bilden kann. Welches die Marmelade fast auf ewig haltbar macht. (So lange in Vakuum im Glas vorhanden ist, können von außen keine Bakterien in das Glas eindringen und dadurch können sich keine Bakterien vermehren). In diesem Falle – ohne Sauerstoff, kein Leben!

(15 Minuten)

Vorteil bei einmachen mit Tortenguss, weniger Zucker und viel saftigere Früchte. Kein verklebter Mund. Für Diabetiker geeignet, da es immer noch nur Früchte sind, Gelatine aus Tortenguss ist diabetisch gesehen harmlos und kann bei der Berechnung der Brot-Einheiten vernachlässigt werden. Wenn man aus einem Glas Tortenguss-Marmelade 10 Schnitten bekommt, wären das 0,1 Broteinheiten. Die sich nicht sinnvoll umrechnen lassen.

Marmeladen werden gerne im Winter gegessen, dann wenn es die eingekochten Lieblingsfrüchte nicht mehr in der Natur oder im Laden gibt. Es lohnt sich also allemal im Sommer oder Herbst für den Winter vorzusorgen.

Notizen:

Notizen: